給青年的十二封信

朱光潛／著

學術・民國選書

五南圖書出版公司 印行

Where my heart lies, let my brain lies also.

——R. Browning: *One Word More*

我的心寄託在什麼地方，讓我的腦也就寄託在那裡。

——羅伯特・布朗寧，〈再說一句話〉

學識之法門・智慧之淵藪

——序五南「大家講堂」

曾永義

五南圖書陸續推出一套叢書叫「大家講堂」。這裡的「大家」，固然不是舊時指稱高門貴族的「大戶人家」，也不是用來尊稱漢代才女班昭「曹大家」的「大家」；但也包含兩層意義：一是指學藝專精，歷久彌著，影響廣遠的人物，如古之「唐宋八大家」，今之文學、史學、藝術、科學、哲學等等之「大家」或「大師」；二是泛指衆人，有如「大夥兒」。而這裡的「講堂」，雖然還是一般「講學廳堂」的意思，只是它已改變了實質的形式，既沒有講席，也沒有聽席；因爲這講席上的大師已經化身在書本之中，只要你打開書本，大師馬上就浮現在你眼前，對你循循善誘；而你自然的也好像坐在聽席上，悠悠然受其教誨一般。

於是這樣的講堂，便可以隨著你無遠弗屆，無時不達。只要你有心向學，便可以隨時隨地學習，受益無量。而由於這樣的「講學廳堂」是由諸多各界大師所主持的講席，是大夥兒都可以入坐的聽席，所以是名副其實的「大家講堂」。

長年以來，我對於五南出版公司創辦人兼發行人楊榮川先生甚為佩服。他行年已及耄耋，猶以學術文化出版界老兵自居，認為傳播知識、提升文化是他矢志的天職。他憂慮網路資訊，擾亂人心，佔據人們學識、智慧、性靈的生活。使往日書香繚繞的社會，呈現一片紛亂擾攘的空虛。於是他親自策畫「經典名著文庫」，聘請三十位學界菁英擔任評議，自民國一〇七年，迄今已出版一一〇種。他卻發現所收錄之經典大多數係屬西方，作為五千年的文化中國，卻只有孔孟老莊哲學十數種而已，實屬缺憾，為此他油然又興起淑世之心，要廣設「大家講堂」，再度興起人們「閱讀大師」的脾胃，進而品會大師優異學識的法門，探索大師智慧的無盡藏。潛移默化的，砥礪切磋的，再度鮮活我們國民的品質，弘揚我們文化的光輝。

我也非常了解何以榮川先生要策畫推出「大家講堂」來遂他淑世之心的動

機和緣故。我們都知道，被公認的大家或大師，必是文化耆宿、學術碩彥。他們著作中的見解，必是薈萃自己畢生的眞知卓見，或言人所未嘗言，或發人所未嘗發；任何人只要沾溉其餘瀝，便有如醍醐灌頂，頓時了悟；而何況含茹其英華！或謂大師博學深奧，非凡夫俗子所能領略，又如何能夠沾其餘瀝、茹其英華？是又不然，凡稱大家大師者，必先有其艱辛之學術歷程，而爲創發之學說，而爲建構之律則；但大師之學養必能將其象牙塔之成果，融會貫通，轉化爲大衆能了解明白之語言例證，使人如坐春風，趣味橫生。

譬如王國維對於戲曲，先剖析其構成爲九個單元，逐一深入探討，再綜合菁華要義，結撰爲人人能閱讀的《宋元戲曲史》，使戲曲從此跨詩詞之地位而躐之，躋入大學與學術殿堂。魯迅和鄭振鐸也一樣，分別就小說和俗文學作全面的觀照和個別的鑽研，從而條貫其縱剖面、組織其橫剖面，成就其《中國小說史略》、《中國俗文學史》，使古來中國之所謂「文學」，頓開廣度和活色。又如胡適先生《中國古代哲學史大綱》，誠如蔡元培在爲他寫的〈序〉中所言，他能夠先解決先秦諸子材料眞僞的問題。又能依傍西洋人哲學史梳理統緒的形式；

因而在他的書裡，才能呈現出「證明的方法」、「扼要的手段」、「平等的眼光」、「系統的研究」等四種特長，要言不繁的導引我們進入中國古代哲學的苑囿，聆賞先秦諸子的大智大慧。

也因此榮川先生的「大家講堂」一方面要彌補其「經典名著文庫」的不足，便以收錄一九四九年以前國學大師之著作爲主。凡其核心之學術代表著作，既爲畢生研究之精粹，固在收錄之列；而其具有普世之意義與價値，經由大師將其精粹轉化爲深入淺出之篇章者，其實更切合「大家講堂」之名實與要義，尤爲本叢書所要訪求。

記得我在上世紀八〇年代，也已經感受到「學術通俗化、反哺社會」的意義和重要，曾以此爲題，在《聯副》著文發表，並且身體力行，將自己在戲曲研究之心得，轉化其形式而爲文建會製作之「民間劇場」，使之再現宋元「瓦舍勾欄」之樣貌，並據此規畫「民俗技藝園」（今之宜蘭傳統藝術中心），作爲維護薪傳民俗技藝之場所，並藉由展演帶動社會及各級學校重視民俗技藝之熱潮，乃又進一步以「民俗技藝」作文化輸出，巡迴演出於歐美亞非中美澳洲列國，可以說是一個很成功的例證。近年我的摯友許進雄教授，他是世界甲骨學名家，其學術根柢之深厚、成就之豐碩無須多言，他同樣體悟到有如「大家講堂」的旨趣；乃以通俗的筆墨，寫出了《字字有來頭》七冊和《漢字與文物的故事》四冊，頓時成爲兩岸極暢銷之書。其《字字有來頭》還要出版韓文翻譯本。

已經逐步推出的「大家講堂」，主編蘇美嬌小姐說，爲了考量叢書在中華學識和文化上的意義和價値，因此其出版範圍先以「國學」，亦即以中國文史哲爲限。而以作者逝世超過三十年以上之著作爲優先。而在這裡我要強調的是：「大家」或「大師」的鑑定務須謹嚴；其著作最好是多方訪求，融會學術菁華再予以通俗化的篇章。如此才能眞正而容易的使「大家」或「大師」在他主持的「大家講堂」上，如「隨風潛入夜，潤物細無聲」的春雨那樣，普遍的使得那熱愛而追求學識的一大夥人，都能領略其要義而津津有味。而那一大夥人也像蜜蜂經歷繁花香蕊一般，細細的成就，釀成自家學識法門的蜜汁；而久而久之，許許多多大家或大師的智慧，也將由於那一大夥人不斷的探索汲取，而使之個個成就爲一己的智慧淵藪。我想這應當更合乎策畫出版「大家講堂」的遠猷鴻圖。

榮川先生同時還策畫出版「古釋今繹系列」和「中華文化素養書」做爲「大家講堂」的姐妹編，爲此使我更加感佩他堅守做爲「出版界老兵」的淑世之心。

序於台北森觀寓所

二〇二〇年元月二十九日晨

目次

《給青年的十二封信》序

夏丏尊

這十二封信是朱孟實先生從海外寄來分期在我們同人雜誌《一般》上登載過的。《一般》的目的，原思以一般人爲對象，從實際生活出發來介紹些學術思想。數年以來，同人都曾依了這目標分頭努力。可是如今看來，最好的收穫第一要算這十二封信。

這十二封信以有中學程度的青年爲對象。並未曾指定某一受信人的姓名，只要是中學程度的青年，就誰都是受信人，誰都應該一讀這十二封信。這十二封信，實是作者遠從海外送給國內青年的很好的禮物。作者曾在國內擔任中等教師有年，他那篤熱的情感，溫文的態度，豐富的學殖，無一不使和他接近的青年感服。他的赴歐洲，目的也就在謀中等教育的改進。作者實是一個終身願與青年爲友的志士。信中首稱「朋友」，末署「你的朋友」，在深知作者的性行的我看來，這稱呼是籠有眞實的感情的，絕不只是通常的習用套語。

各信以青年們所正在關心或應該關心的事項爲話題，作者雖隨了各話題抒述其意見，統觀全體，卻似乎也有一貫的出發點可尋。就是勸青年眼光要深沉，要從根本上做功夫，要顧到自己，勿隨了世俗圖近利。作者用了這態度談讀書，談作文，談社會運動，談愛戀，談升學選科等等。無論在哪一封信上，字裡行間，都可看出這忠告來。其中如在〈談在羅浮宮所得的一個感想〉一信裡，作者且鄭重地把這態度特別標出了說：「假如我的十二封信對於現代青年能發生毫末的影響，我尤其虔心默祝這封信所宣傳的超『效率』的估定價值的標準能印入個個讀者的心孔裡去。因爲我所知道的學生們、學者們和革命家們都太貪容易，太浮淺粗疏，太不能深入，太不能耐苦，太類似美國旅行家看《蒙娜．麗莎》了。」

「超效率！」這話在急功近利的世人看來，也許要驚爲太高蹈的論調了。但一味亟於效率，結果就會流於淺薄粗疏，無可救藥。中國人在全世界是被推爲最重實用的民族的，凡事都懷一個極近視的目標：娶妻是爲了生子，養兒是爲了防老，行善是爲了福報，讀書是爲了做官，不稱入基督教的爲基督教信者而稱爲「吃基督教」的，不稱投身國事的軍士爲軍人而稱爲「吃糧」的，流弊所至，在中國，什麼都只是吃飯的工具，什麼都實用，因之，就什麼都淺薄。試就學校教育的現狀看罷：壞的呢，教師目的但在地位、薪水，學生目的但在文憑資格；較好的呢，教師想把學生嵌入某種預定的鑄型去，學生想怎樣揣摩世尚畢業後去問世謀事。在眞正的教育面前，總之都免不掉淺薄粗疏。效率原是要顧的，但只顧效率，究竟是蠢事。青年爲國家社會的生力軍，如果不從根本上培養能力，凡事近視，貪浮淺的近利，一味襲蹈時下陋習，結果縱不至於「一蟹不如一蟹」，亦只是一蟹仍如一蟹而已，國家社會還有什麼希望可說。

「太貪容易，太浮淺粗疏，太不能深入，太不能耐苦」作者對於現代青年的毛病，曾這樣慨乎言之。徵之現狀，不禁同感。作者去國已好幾年了，依據消息，尚能分明地記得起青年的病象，則青年的受病之重，也就可知。

這十二封信啊，願對於現在的青年，有些力量！

一九二九年元旦書於白馬湖平屋

一　談讀書

朋友：

中學課程很多，你自然沒有許多時間去讀課外書。但是你試撫心自問：你每天眞抽不出一點鐘或半點鐘的功夫麼？如果你每天能抽出半點鐘，你每天至少可以讀三四頁，每月可以讀一百頁，到了一年也就可以讀四五本書了。何況你在假期中每天斷不會只能讀三四頁呢？你能否在課外讀書，不是你有沒有時間的問題，是你有沒有決心的問題。

世間有許多人比你忙得多。許多人的學問都在忙中做成的。美國有一位文學家、科學家和革命家富蘭克林，幼時在印刷局裡做小工，他的書都是在做工時抽暇讀的。不必遠說，你應該還記得孫中山先生，難道你比那一位奔走革命席不暇暖的老人家還要忙些麼？他生平無論忙到什麼地步，沒有一天不偷暇讀幾頁書。你只要看他的《建國方略》和《孫文學說》，你便知道他不僅是一個政治家，而且還是一個學者。不讀書而講革命，不知道「光」的所在，只是竄頭亂撞，終難成功。這個道理，孫先生懂得最清楚的，所以他的學說特別重「知」。

人類學問逐天進步不止，你不努力跟著跑，便落伍退後，這固不消說。尤其要緊的是養成讀書的習慣，是在學問中尋出一種興趣。你如果沒有一種正當嗜好，沒有一種在閒暇時可以寄託你的心神的東西，將來離開學校去做事，說不定要被惡習慣引誘。你不看見現在許多叉麻雀抽鴉片的官僚們、紳商們乃至於教員們，不大半由學生出身麼？你慢些鄙視他們，臨到你來，再看看你的成就罷！但是你如果在讀書中尋出一種趣味，你將來抵抗引誘的能力比別人定要大些。這種興趣你現在不能尋出，將來永不會尋出的。凡人都越老越麻木，你現在已比不上三五歲的小孩子那樣好奇、那樣興味淋漓了。你長大一歲，你感覺興味的銳敏力便須遲鈍一分。達爾文在自傳裡曾經說過，他幼時頗好文學和音樂，壯時因為研究生物學，把文學和音樂都丟開了，到老來他再想拿詩歌來消遣，便尋不出趣味來了。興味要在青年時設法培養，過了正常時節，便會萎謝。比方打網球，你在中學時歡喜打，你到老都歡喜打。假如你在中學時代錯過機會，後來要發願去學，比登天還要難十倍。養成讀書習慣也是這樣。

你也許說，你在學校裡終日念講義看課本不就是讀書嗎？講義課本著意在平均發展基本知識，固亦不可不讀。但是你如果以爲念講義看課本，便盡讀書之能事，就是大錯特錯。第一，學校功課門類雖多，而範圍究極窄狹。你的天才也許與學校所有功課都不相近，自己在課外研究，去發現自己性之所近的學問。再比方你對於某種功課不感興趣，這也許並非由於性不相近，只是規定課本不合你的口胃。你如果能自己在課外發現好書籍，你對於那種功課的興趣也許就因而濃厚起來了。第二，念講義看課本，免不掉若干拘束，想借此培養興趣，頗是難事。比方有一本小說，平時自由拿來消遣，覺得多麼有趣，一旦把它拿來當課本讀，用預備考試的方法去讀，便不免索然寡味了。興趣要逍遙自在地不受拘束地發展，所以爲培養讀書興趣起見，應該從讀課外書入手。

書是讀不盡的，就讀盡也是無用，許多書沒有一讀的價值。你多讀一本沒有價值的書，便喪失可讀一本有價值的書的時間和精力；所以你須慎加選擇。你自己自然不會選擇，須去就教於批評家和專門學者。我不能告訴你必讀的書，我能告訴你不必讀的書。許多人曾抱定宗旨不讀現代出版的新書。因爲許多流行的新書只是迎合一時社會心理，實在毫無價値，經過時代淘汰而巍然獨存的書才有永久性，才値得讀一遍兩遍以至於無數遍。我不敢勸你完全不讀新書，我卻希望你特別注意這一點，因爲現代青年頗有非新書不讀的風氣。別的事都可以學時髦，惟有讀書做學問不能學時髦。我所指不必讀的書，不是新書，是談書的書，是値不得讀第二遍的書。走進一個圖書館，你儘管看見千卷萬卷的紙本子，其中眞正能夠稱爲「書」的恐怕難上十卷百卷。你應該讀的只是這十卷百卷的書。在這些書中間，你不但可以得較眞確的知識，而且可以於無形中吸收大學者治學的精神和方法。這些書才能撼動你的心靈，激動你的思考。其他像「文學大綱」、「科學大綱」以及雜誌報章上的書評，實在都不能供你受用。你與其讀千卷萬卷的詩集，不如讀一部《國風》或《古詩十九首》，你與其談千卷萬卷談希臘哲學的書籍，不如讀一部柏拉圖的《理想國》。

你也許要問我，像我們中學生究竟應該讀些什麼書呢？這個問題可是不易回答。你大約還記得北平《京報副刊》曾徵求「青年必讀書十種」，結果有些人所舉十種盡是幾何代數，有些人所舉十種盡是《史記》、《漢書》。這在旁人看起來似近於滑稽，而應徵的人卻各抱有一番大道理。本來這種徵求的本意，求以一個人的標準做一切人的標準，好像我只喜歡吃麵，你就不能吃米，完全是一種錯誤見解。各人的天資、興趣、環境、職業不同，你怎麼能定出萬應靈丹似的十種書，供天下無量數青年讀之都能感覺同樣趣味，發生同樣效力？

我為了寫這封信給你，特地去調查了幾個英國公共圖書館。他們的青年讀物部最流行的書可以分為四類：㈠冒險小說和遊記，㈡神話和寓言，㈢生物故事，㈣名人傳記和愛國小說。就中代表的書籍是凡爾納的《八十天環遊地球》（*Jules Verne: Around the World in Eighty Days*）和《海底二萬里》（*Twenty Thousand Leagues Under the Sea*），笛福的《魯濱遜飄流記》（*Defoe: Robinson Crusoe*），大仲馬的《三劍客》（*A. Dumas: Three Musketeers*），霍桑的《奇書》和《丹谷閒話》（*Hawthorne: Wonder Book and Tangle Wood Tales*），金斯利的《希臘英雄傳》（*Kingsley: Heroes*），法布爾的《鳥獸故事》（*Fabre: Story Book of Birds and Beasts*），安徒生的《童話》（*Andersen: Fairy Tales*），騷塞的《納爾遜傳》（*Southey: Life of

Nelson），房龍的《人類的故事》（*Vanloon: The Story of Mankind*）之類。這些書在國外雖流行，給中國青年讀，卻不十分相宜。中國學生們大半是少年老成，在中學時代就歡喜像煞有介事的談一點學理。他們——你和我自然都在內——不僅歡喜談談文學，還要研究社會問題，甚至於哲學問題。這既是一種自然傾向，也就不能漠視，我個人的見解也不妨提起和你商量商量。十五六歲以後的教育宜注重發達理解，十五六歲以前的教育宜注重發達想像。所以初中的學生們宜多讀想像的文字，高中的學生才應該讀含有學理的文字。

談到這裡，我還沒有答覆應讀何書的問題。老實說，我沒有能力答覆，我自己便沒曾讀過幾本「青年必讀書」，老早就讀些壯年必讀書。比方在中國書裡，我最歡喜《國風》、《莊子》、《楚辭》、《史記》、《古詩源》、《文選》中的書箋，《世說新語》、《陶淵明集》、《李太白集》、《花間集》、張惠言《詞選》、《紅樓夢》等等。在外國書裡，我最歡喜濟慈（**Keats**）、雪萊（**Shelly**）、柯爾律治（**Coleridge**）、白朗寧（**Browning**）諸人的詩集，索福克勒斯（**Sophocles**）的七悲劇、莎士比亞的《哈姆雷特》（*Shakespeare: Hamlet*）、《李爾王》（*King Lear*）和《奧瑟羅》

（*Gthello*），歌德的《浮士德》（*Goethe: Fasuts*），易卜生（Ibsen）的戲劇集、屠格涅夫（Turgenef）的《處女地》（*Virgin Soil*）和《父與子》（*Fathers and Children*）、杜斯妥也夫斯基的《罪與罰》（*Dostoyevsky: Crime and Punishment*）、福樓拜的《包法利夫人》（*Flaubert: Madame Bovary*）、莫泊桑（Maupassant）的小說集、小泉八雲（Lafcadio Hearn）關於日本的著作，等等。如果我應北平《京報副刊》的徵求，也許把這些古董洋貨捧上，湊成「青年必讀書十種」。但是我知道這是荒謬絕倫。所以我現在不敢答覆你應讀何書的問題。你如果要知道，你應該去請教你所知的專門學者，請他們各就自己所學範圍以內指定三兩種青年可讀的書。你如果請一個人替你面面俱到的設想，比方他是學文學的人，他也許明知青年必讀書應含有社會問題科學常識等等，而自己又沒甚把握，姑且就他所知的一兩種拉來湊數，你就像問道於盲了。同時，你要知道讀書好比探險，也不能全靠別人指導，你自己也須得費些功夫去搜求。我從來沒有聽見有人按照別人替他定的「青年必讀書十種」或「世界名著百種」讀下去，便成就一個學者。別人只能介紹，抉擇還要靠你自己。

關於讀書方法。我不能多說，只有兩點須在此約略提起。第一，凡值得讀的書至少須讀兩遍。第一遍須快讀，著眼在醒豁全篇大旨與特色。第二遍須慢讀，須以批評態度衡量書的內容。第二，讀過一本書，須筆記綱要和精彩的地方和你自己的意見。記筆記不特可以幫助你記憶，而且可以逼得你仔細，刺激你思考。記著這兩點，其他瑣細方法便用不著說。各人天資習慣不同，你用哪種方法收效較大，我用哪種方法收效較大，不是一概論的。你自己終久會找出你自己的方法，別人決不能給你一個方單，使你可以「依法炮製」。

你嫌這封信太冗長了罷？下次談別的問題，我當力求簡短。再會！

你的朋友　孟實

二 談動

朋友：

從屢次來信看，你的心境近來似乎很不寧靜。煩惱究竟是一種暮氣，是一種病態，你還是一個十八九歲的青年，就這樣頹唐沮喪，我實在替你擔憂。

一般人歡喜談玄，你說煩惱，他便從「哲學辭典」裡拖出「厭世主義」、「悲觀哲學」等等堂哉皇哉的字樣來敘你的病由。我不知道你感覺如何？我自己從前彷彿也嘗過煩惱的況味，我只覺得憂來無方，不但人莫之知，連我自己也莫名其妙，哪裡有所謂哲學與人生觀！我也些微領過哲學家的教訓：在心氣和平時，我景仰希臘廊下派哲學者，相信人生當皈依自然，不當存有嗔喜貪戀；我景仰托爾斯泰，相信人生之美在宥與愛；我景仰白朗寧，相信世間有醜才能有美，不完全乃眞完全；然而外感偶來，心波立湧，拿天大的哲學，也抵擋不住。這固然是由於缺乏修養，但是青年們有幾個修養到「不動心」的地步呢？從前長輩們往往拿「應該不應該」的大道理向我說法。他們說，像我這樣一個青年應該活潑潑的，不應該暮氣沉沉的，應該努力做學問，不應該把自己的憂樂放在心頭。謝謝罷，請留著這副「應該」的方劑，將來患煩惱的人還多呢！

朋友，我們都不過是自然的奴隸，要征服自然，只得服從自然。違反自然，煩惱才乘虛而入，要排解煩悶，也須得使你的自然衝動有機會發洩。人生來好動，好發展，好創造。能動，能發展，能創造，便是順從自然，便能享受快樂，不動，不發展，不創造，便是摧殘生機，便不免感覺煩惱。這種事實在流行語中就可以見出，我們感覺快樂時說「舒暢」，感覺不快樂時說「抑鬱」。這兩個字樣可以用作形容詞，也可以用作動詞。用作形容詞時，它們描寫快或不快的狀態；用作動詞時，我們可以說它們說明快或不快的原因。你感覺煩惱，因爲你的生機被抑鬱；你要想快樂，須得使你的生機能舒暢，能宣洩。流行語中又有「鬧愁」的字樣，鬧人一大半易於發愁，就因爲鬧時生機靜止而不舒暢。青年人比老年人易於發愁些，因爲青年人的生機比較強旺。小孩子們的生機也很強旺，然而不知道愁苦，因爲他們時時刻刻地遊戲，所以他們的生機不至於被抑鬱。小孩子們偶爾不很樂意，便放聲大哭，哭過了氣就消去。成人們感覺煩惱時也還要拘禮節，哪能由你放聲大哭呢？黃連苦在心頭，所以愈覺其苦。歌德少時因失戀而想自殺，幸而他的文機動了，埋頭兩禮拜著成一部《少年維特之煩惱》，書成了，他的氣也洩了，自殺的念頭也打消了。你發愁時並不一定要著書，你就讀幾篇哀歌，聽一幕悲劇，借酒澆愁，也可以大暢胸懷。從前我很疑惑何以劇情愈悲而讀之愈覺其快意，近來才悟得這個洩與鬱的道理。

總之，愁生於鬱，解愁的方法在洩；鬱由於靜止，求洩的方法在動。從前儒家講心性的話，從近代心理學眼光看，都很粗疏，只有孟子的「盡性」一個主張，含義非常深廣。一切道德學說都不免膚淺，如果不從「盡性」的基點出發。如果把「盡性」兩字懂得透徹，我以為生活目的在此，生活方法也就在此。人性固然是複雜的，可是人是動物，基本性不外乎動。從動的中間我們可以尋出無限快感。這個道理我可以拿兩種小事來印證：從前我住在家裡，自己的書房總歡喜自己打掃。每看到書籍零亂，灰塵滿地，你親自去灑掃一過，霎時間混濁的世界變成明窗淨几，此時悠然就坐，遊目騁懷，乃覺有不可言喻的快慰，再比方你自己是歡喜打網球的，當你起勁打球時，你還記得天地間有所謂煩惱麼？

你大約記得晉人陶侃的故事。他老來罷官閒居，找不得事做，便去搬磚。晨間把一百塊磚由齋裡搬到齋外，暮間把一百塊磚由齋外搬到齋裡。人問其故，他說：「吾方致力中原，過爾優逸，恐不堪事。」他又嘗對人說：「大禹聖人，乃惜寸陰，至於衆人，當惜分陰。」其實惜陰何必定要搬磚，不過他老先生還很茁壯，借這個玩藝兒多活動活動，免得抑鬱無聊罷了。

朋友，閒愁最苦！愁來愁去，人生還是那麼樣一個人生，世界也還是那麼樣一個世界。假如把自己看得偉大，你對於煩惱，當有「不屑」的看待；假如把自己看得渺小，你對於煩惱當有「不值得」的看待；我勸你多打網球，多彈鋼琴，多栽花木，多搬磚弄瓦。假如你不喜歡這些玩藝兒，你就談談笑笑，跑跑跳跳，也是好的。就在此祝你

談談笑笑，

跑跑跳跳！

你的朋友　孟實

三　談靜

朋友：

前信談動，只說出一面眞理。人生樂趣一半得之於活動，也還有一半得之於感受。所謂「感受」是被動的，是容許自然界事物感動我的感官和心靈。這兩個字含義極廣。眼見顏色，耳聞聲音，是感受；見顏色而知其美，聞聲音而知其和，也是感受。同一美顏，同一和聲，而各個人所見到的美與和的程度又隨天資境遇而不同。比方路邊有一棵蒼松，你看見它只覺得可以砍來造船；我見到它可以讓人納涼；旁人也許說它很宜於入畫，或者說它是高風亮節的象徵。再比方街上有一個乞丐，我只能見到他的蓬頭垢面，覺得他很討嫌；你見他便發慈悲心，給他一個銅子；旁人見到他也許立刻發下宏願，要打翻社會制度。這幾個人反應不同，都由於感受力有強有弱。

世間天才之所以爲天才，固然由於具有偉大的創造力，而他的感受力也分外比一般人強烈。比方詩人和美術家，你見不到的東西他能見到，你聞不到的東西他能聞到。麻木不仁的人就不然，你就請伯牙向他彈琴，他也只聯想到棉匠彈棉花。感受也可以說是「領略」，不過領略只是感受的一方面。世界上最快活的人不僅是最活動的人，也是最能領略的人。所謂領略，就是能在生活中尋出趣味。好比喝茶，渴漢只管滿口吞咽，會喝茶的人卻一口一口的細啜，能領略其中風味。

能處處領略到趣味的人絕不至於岑寂，也絕不至於煩悶。朱子有一首詩說：「半畝方塘一鑑開，天光雲影共徘徊，問渠哪得清如許？爲有源頭活水來。」這是一種絕美的境界。你姑且閉目一思索，把這幅圖畫印在腦裡，然後假想這半畝方塘便是你自己的心，你看這首詩比擬人生苦樂多麼恰當！一般人的生活乾燥，只是因爲他們的「半畝方塘」中沒有天光雲影，沒有源頭活水來，這源頭活水便是領略得的趣味。

領略趣味的能力固然一半由於天資，一半也由於修養。大約靜中比較容易見出趣味。物理上有一條定律說：兩物不能同時並存於同一空間。這個定律在心理方面也可以說得通。一般人不能感受趣味，大半因爲心地太忙，不空所以不靈。我所謂「靜」，便是指心界的空靈，不是指物界的沉寂，物界永遠不沉寂的。你的心境愈空靈，你愈不覺得物界沉寂，或者我還可以進一步說，你的心界愈空靈，你也愈不覺得物界喧嘈。所以習靜並不必定要進空谷，也不必定學佛家靜坐參禪。靜與閒也不同。許多閒人不必都能領略靜中趣味，而能領略靜中趣味的人，也不必定要閒。在百忙中，在塵市喧嚷中，你偶然丟開一切，悠然遐想，你心中便驀然似有一道靈光閃爍，無窮妙悟便源源而來。這就是忙中靜趣。

我這番話都是替兩句人人知道的詩下一注腳。這兩句詩就是「萬物靜觀皆自得，四時佳興與人同。」大約詩人的領略力比一般人都要大。近來看周作人的《雨天的書》引日本人小林一茶的一首俳句：

不要打哪，蒼蠅搓他的手，搓他的腳呢。

覺得這種情境眞是幽美。你懂得這一句詩就懂得我所謂靜趣。中國詩人到這種境界的也很多。現在姑且就一時所想到的寫幾句給你看：

魚戲蓮葉東，魚戲蓮葉西，魚戲蓮葉南，魚戲蓮葉北。

——古詩，作者姓名佚

山滌餘靄，宇暖微霄。有風自南，翼彼新苗。

——陶淵明〈時運〉（其一）

採菊東籬下，悠然見南山。山氣日夕佳，飛鳥相與還。

——陶淵明〈飲酒〉（其五）

目送飄鴻，手揮五弦。俯仰自得，游心太玄。

——稽叔夜〈送秀才從軍〉

倚杖柴門外，臨風聽暮蟬。渡頭餘落日，墟里上孤煙。

——王摩詰〈贈斐迪〉

像這一類描寫靜趣的詩，唐人五言絕句中最多。你只要仔細玩味，你便可以見到這個宇宙又有一種景象，爲你平時所未見到的。梁任公的《飲冰室文集》裡有一篇談「煙士披里純」，詹姆斯的《與教員學生談話》（*James: Talks To Teachers and Students*）裡面有三篇談人生觀，關於靜趣都說得很透闢。可惜此時這兩部書都不在手邊，不能錄幾段出來給你看。你最好自己到圖書館裡去查閱。詹姆斯的《與教員學生談話》那三篇文章（最後三篇）尤其值得一讀，記得我從前讀這三篇文章，很受他感動。

靜的修養不僅是可以使你領略趣味，對於求學處事都有極大幫助。釋迦牟尼在菩提樹陰靜坐而證道的故事，你是知道的。古今許多偉大人物常能在倉惶擾亂中雍容應付事變，絲毫不覺張惶，就因爲能鎮靜。現代生活忙碌，而青年人又多浮躁。你站在這潮流裡，自然也難免跟著旁人亂嚷。不過忙裡偶然偷閒，鬧中偶然覓靜，於身於心，都有極大裨益。你多在靜中領略些趣味，不特你自己受用，就是你的朋友們看著你也快慰些。我生平不怕呆人，也不怕聰明過度的人，只是對著沒有趣味的人，要勉強同他說應酬話，眞是覺得苦也。你對著有趣味的人，你並不必多談話，只是默然相對，心領神會，便可覺得朋友中間的無上至樂。你有時大概也發生同樣感想罷？

眠食諸希珍重！

你的朋友　孟實

四　談中學生與社會運動

朋友：

第一信曾談到，孫中山先生知難行易的學說，和不讀書而空談革命的危險。這個問題有特別提出討論的必要，所以再拿它來和你商量商量。

你還記得葉楚傖先生的演講吧？他說，如今中國在學者只言學，在工者只言工，在什麼者只言什麼，結果弄得沒有一個在國言國的人，而國事之糟，遂無人過問。葉先生在這裡只主張在學者應言國，卻未明言在國亦必言學。惲代英先生更進一步說，中國從孔孟二先生以後，讀過二千幾百年的書，講過二千幾百年的道德，仍然無補國事，所以讀書講道德無用，一切青年都必須加入戰線去革命。這是一派的主張。

同時你也許見過前幾年的上海大同大學的章程，裡面有一條大書特書：「本校主張以讀書救國，凡好參加愛國運動者不必來！」這並不是大同大學的特有論調，凡遇學潮發生，你走到一個店鋪裡，或是坐在一個校務會議席上，你定會發現大家竊竊私語，引為深憂的都不外「學生不讀書，而好鬧事」一類的話。因為這是可以深憂的，教育部所以三令五申，「整頓學風！」這又是一派的主張。

葉、惲諸先生們是替某黨宣傳的。你知道我無黨籍，而卻深信中國想達民治必經黨治。所以我如果批評葉、惲二先生，非別有用意，乃責備賢者，他們在青年中物望所繫，出言不慎，便不免貽害無窮。比方葉先生的話就有許多語病。國家是人民組合體，在學者能言學，在工者能言工，在什麼者能言什麼，合而言之，就是在國言國。如今中國弊端就在在學者不言學，在工者不言工，大家都拋棄分內事而空談愛國。結果學廢工弛，而國也就不能救好，這是顯然的事實。惲先生從中國歷史證明讀書無用，也頗令人懷疑。法國革命單是丹東、羅伯斯比爾的功勞，而盧梭、伏爾泰沒有影響嗎？思想革命成功，制度革命才能實現。辛亥革命還未成功，是思想革命未成功，這是大家應該承認的。

中國人蜂子孵蛆的心理太重，只管誘勸人「類我類我」！比方我喜歡談國事，就藐視你讀書；你歡喜讀書，就藐視我談國事。其實單面鑼鼓打不成鬧台戲。要撐起中國場面，也要生旦淨丑角俱全。我們對於鼓吹青年都拋開書本去談革命的人，固不敢贊同，而對於懸參與愛國運動爲厲禁的學校也覺得未免矯枉過正。學校與社會絕緣，教育與生活絕緣，在學理上就說不通。若談事實，則這一代的青年，這一代的領袖，此時如果毫無準備，想將來理亂不問的書生一旦會變成措置咸宜的社會改造者，也是癡人妄想。固然，在秩序安寧的國家裡，所謂「天下有道，則庶人不議」，用不著學生去干預政治。可是在目前中國，又另有說法：民衆未覺醒，輿論未成立，教育界中人本良心主張去監督政府，也並不算越職。總而言之，救國讀書都不可偏廢。蔡孑民先生說：「讀書不忘救國，救國不忘讀書」這兩句話是青年人最穩妥的座右銘。

所謂救國，並非空口談革命所可了事。我們跟著社會運動家喊「打倒軍閥」，「打倒帝國主義」，力已竭，聲已嘶了。而軍閥淫威既未稍減，帝國主義的勢力也還在擴張。朋友，空口吶喊大概有些靠不住罷？北方人奚落南方人，往往說南方人打架，雙方都站在自家門裡摩拳擦掌對罵，你說：「你來，我要打殺你這個雜種！」我說：「我要送你這條狗命見閻王。」結果半拳不揮，一哄而散。住在租界談革命的人不也是這樣空擺威風麼？

「五四」以來，種種運動只在外交方面稍生微力。但是你如果把這點微力看得了不得的重要，那你就未免自欺。「夫人必自侮，而後人侮之。」「自侮」的成分一日不減絕，你一日不能怪人家侮你。你應該回頭看看你自己是什麼樣的一個人，看看政府是什麼樣的一個政府，看看人民是什麼樣的一個人民。向外人爭「臉」固然要緊；可是你切莫要因此忘記你自己的家醜！

家醜如何洗得清？我從前想，要改造中國，應由下而上，由地方而中央，由人民而政府，由部分而全體，近來覺得這種見解不甚精當，國家是一種有機體，全體與部分都息息相關，所以整頓中國，由中央而地方的改革，和由地方而中央的改革須得同時並進。不過從前一般社會運動家大半太重視國家大政，太輕視鄉村細務了。我們此後應該排起隊伍，「向民間去」。

我記得在香港聽孫中山先生談他當初何以想起革命的故事。他少年時在香港學醫，歡喜在外面散步，他覺得香港街道既那樣整潔，他香山縣的街道就不應該那樣汙穢。他回到香山縣，就親自去做清道夫，後來居然把他們門前的街道打掃乾淨了。他因而想到一切社會上的汙濁，都應該可以如此清理。這才是眞正革命家！別人不管，我自己只能做小事。別人鼓吹普及教育，我只提起粉筆誠誠懇懇的當一個中小學教員；別人提倡國貨，我只能穿起土布衣到鄉下去辦一個小工廠；別人喊打倒軍閥，我只能苦勸我的表兄不爲非作歹；別人發電報攻擊賄選，吾儕小人，發電報也沒有人理會，我只能集合同志出死力和地方紳士奮鬥，不叫買票賣票的事在我自己鄉裡發生。大事小事都要人去做。我不敢說別人做的不如我做的重要。但是別人如果定要拉我丟開這些末節去談革命，我只能敬謝不敏（屠格涅夫的《父與子》裡那位少年虛無黨臨死時所說的話，最使我感動，可惜書不在身旁，不能抄譯給你看，你自己尋去罷）。

總而言之，到民間去！要到民間去，先要把學生架子丟開。我記得初進中學時，有一天穿著短衣出去散步，路上遇見一個老班同學，他立刻就豎起老班的喉嗓子問我：「你的長衫到哪裡去了？」教育尊嚴，哪有學生出門而不穿長衫子？街上人看見學生不穿長衣，還成什麼體統？我那時就逐漸覺得些學生的尊嚴了。有時提起籃子去買菜，也不免羞羞澀澀的，此事雖小，可以喻大。現在一般青年的心理大半都還沒根本改變。學生自成一種特殊階級，把社會看成待我改造的階級。這種學者的架子早已禦人於千里之外，還談什麼社會運動？你儘管說運動，社會卻不敢高攀，受你的運動。這不是近幾年的情形麼？

老實說，社會已經把你我看成眼中釘了。這並非完全是社會的過錯。現在一般學生，有幾個人配談革命？吞剝捐款聚賭宿娼的是否沒曾充過代表，赴國大會？勾結紳士政客以搗亂學校是否沒曾談過教育尊嚴？向日本政府立誓感恩以分潤庚子賠款的，是否沒曾喊過打倒帝國主義？其實，社會還算是客氣，他們如要是提筆寫學生罪狀，怕沒有材料嗎？你也許說，任何團體都有少數敗類，不能讓全體替少數人負過。但是青年人都有過於自覺的幻覺，在你談愛國談革命以前，你總應該默誦幾聲「君子求諸己！」

話又說長了，再見罷！

你的朋友　孟實

五　談十字街頭

朋友：

歲暮天寒，得暇便圍爐噓煙遐想。今日偶然想到日本廚川白村的《出了象牙之塔》和《走向十字街頭》兩部書，覺得命名大可玩味。玩味之餘，不覺發生一種反感。

所謂「走向十字街頭」有兩種解釋。從前學士大夫好以清高名貴相尙，所以力求與世絕緣，冥心孤往。但是閉戶讀書的成就總難免空疏虛僞。近代哲學與文藝都逐漸趨向寫實，於是大家都極力提倡與現實生活接觸。世傳蘇格拉底把哲學從天上搬到地下，這是「走向十字街頭」的一種意義。

學術思想是天下公物，須得流布人間，以求雅俗共賞。威廉・莫里斯和托爾斯泰所主張的藝術民衆化，叔琴先生在《一般》誕生號中所主張的特殊的一般化，愛迪生所謂把哲學從課室圖書館搬到茶寮客座，這是「走向十字街頭」

的另一意義。

這兩種意義都含有極大的眞理。可是在這「德莫克拉西」呼聲極高的時代，大家總不免忘記關於十字街頭的另一面眞理。

十字街頭的空氣中究竟含有許多腐敗劑，學術思想出了象牙之塔到了十字街頭以後，一般化的結果常不免流爲俗化（vulgarized）。昨日的殉道者，今日或成爲市場偶像，而眞純面目便不免因之汙損了。到了市場而不成爲偶像，成偶像而不至於破落，都是很難的事。老莊經過流俗化以後，其結果乃爲白雲觀以靜坐騙銅子的道士。易學經過流俗化以後，其結果乃爲街頭擺攤賣卜的江湖客。佛學經過流俗化以後，其結果乃爲祈財求子的三姑六婆和禿頭肥腦的蠢和尚。這都是世人所共見周知的。不必遠說，且看西方科學哲學和文學落到時下一般打學者冒牌的人手裡，弄得成何體統！

寂居文藝之宮，固然會像不流通的清水，終久要變成汙濁惡臭的。可是十字街頭的叫囂，十字街頭的塵糞，十字街頭的擠眉弄眼，都處處引誘你汨沒自我。臣門如市，臣心就絕不能如水。名利聲勢虛僞刻薄膚淺欺侮等等字樣，聽起來多麼刺耳朵，實際上誰能擺脫得淨盡？所以站在十字街頭的人們，尤其是你我們青年，要時時戒備十字街頭的危險，要時時回首瞻顧象牙之塔。

十字街頭上握有最大權威的是習俗。習俗有兩種，一爲傳說（Tradition），一爲時尚（Fashion）。儒家的禮教，五芝齋的餛飩，是傳說；新文化運動，四馬路的新裝，是時尚。傳說尊舊，時尚趨新，新舊雖不同，而盲從附和，不假思索，則根本無二致。社會是專制的，是壓迫的，是不容自我伸張的。比方九十九個人守貞節，你一個人偏要不貞，你固然是傷風敗俗，大逆不道；可是如果九十九個人都是娼妓，你一個人偏要守貞節，你也會成爲社會公敵，被人唾棄的。因此，蘇格拉底所以飲鴆，伽利略所以被教會加罪，羅曼·羅蘭、克羅齊、羅素所以在歐戰期中被人謾罵。

本來風化習俗這件東西，孽雖造得不少，而爲維持社會安寧計，卻亦不能盡廢。人與人相接觸，問題就會發生。如果世界只有我，法律固爲虛文，而道德也便無意義。人類須有法律道德維持，固足證其頑劣；然而人類既頑劣，道德法律也就不能勾銷。所以老莊上德不德絕聖棄智的主張，理想雖高，而究不適於頑劣的人類社會。

習俗對於維持社會安寧，自有相當價値，我們是不能否認的。可是以維持安寧爲社會唯一目的，則未免大錯特錯。習俗是守舊的，而社會則須時時翻新，才能增長滋大，所以習俗有時時打破的必要。人是一種賤動物，只好模仿因襲，不樂改革創造。所以維持固有的風化，用不著你費力。你讓它去，世間自有一般庸人懶人去擔心。可是要打破一種習俗，卻不是一件易事。物理學上彷彿有一條定律說，凡物既靜，不加力不動。而所加的力必比靜物的惰力大，才能使它動。打破習俗，你須以一二人之力，抵抗千萬人之惰力，所以非有雷霆萬鈞的力量不可。因此，習俗的背叛者比習俗的順從者較爲難能可貴，從歷史看社會進化，都是靠著幾個站在十字街頭而能向十字街頭宣戰的人。這般人的報酬往往不是十字架，就是斷頭臺。可是世間只有他們才是不朽，倘若世界沒有他們這些殉道者，人類早已爲烏煙瘴氣悶死了。

一種社會所最可怕的不是民眾膚淺頑劣，因爲民眾通常都是膚淺頑劣的。它所最可怕的是沒有在膚淺卑劣的環境中而能不膚淺不卑劣的人。比方英國民眾就是很沉滯頑劣的，然而在這種沉滯頑劣的社會中，偶爾跳出一二個性堅強的人，如雪萊、卡萊爾、羅素等，其特立獨行的膽與識，卻非其他民族所可多得。這是英國人力量所在的地方。路易・狄更生嘗批評日本，說她是一個沒有柏拉圖和亞里斯多德的希臘，所以不能造偉大的境界。據生物學家說，物競天擇的結果不能產生新種，須經突變（sports）。所謂突變，是指不像同種的新裔。社會也是如此，它能否生長滋大，就看它有無突變式的分子；換句話說，就看十字街頭的矮人群中有沒有幾個大漢。

說到這點，我不能不替我們中國人汗顏了。處人胯下的印度還有一位泰戈爾和一位甘地，而中國滿街只是一些打冒牌的學者和打冒牌的社會運動家。強者皇然叫囂，弱者隨聲附和，舊者盲從傳說，新者盲從時尚，相習成風，每況愈下，而社會之膚淺頑劣虛偽酷毒，乃日不可收拾。在這個當兒，站在十字街頭的我們青年怎能免彷徨失措？朋友，昔人臨歧而哭，假如你看清你面前的險徑，你會心寒膽裂喲！圍著你的全是膚淺頑劣虛偽酷毒，你只有兩種應付方法：你只有和它衝突，要不然，就和它妥洽。在現時這種狀況之下，衝突就是煩惱，妥洽就是墮落。無論走哪一條路，結果都是悲劇。

但是，朋友，你我正不必因此頹喪！假如我們的力量夠，衝突結果，也許是戰勝。讓我們相信世界達眞理之路只有自由思想，讓我們時時記著十字街頭膚淺虛偽的傳說和時尚都是眞理路上的障礙，讓我們本著少年的勇氣把一切市場偶像打得粉碎！

最後，打破偶像，也並非魯莽叫囂所可了事。魯莽叫囂還是十字街頭的特色，是膚淺卑劣的表徵。我們要能於叫囂擾攘中：以冷靜態度，灼見世弊；以深沉思考，規劃方略；以堅強意志，征服障礙。總而言之，我們要自由伸張自我，不要汨沒在十字街頭的影響裡去。

朋友，讓我們一齊努力罷！

你的朋友　孟實

六 談多元宇宙

朋友：

你看到「多元宇宙」這個名詞，也許聯想到詹姆斯的哲學名著。但是你不用駭怕我談玄，你知道我是一個不懂哲學而且厭聽哲學的人。今天也只是吃家常便飯似的，隨便談談，與詹姆斯毫無關係。

年假中朋友們來閒談，「言不及義」的時候，動輒牽涉到戀愛問題。各人見解不同，而我所援以辯護戀愛的便是我所謂「多元宇宙」。

什麼叫做「多元宇宙」呢？

人生是多方面的，每方面如果發展到極點，都自有其特殊宇宙和特殊價值標準。我們不能以甲宇宙中的標準，測量乙宇宙中的價值。如果勉強以甲宇宙中的標準，測量乙宇宙中的價值，則乙宇宙便失其獨立性，而只在乙宇宙中可儘量發展的那一部分性格便不免退處於無形。

各人資稟經驗不同，而所見到的宇宙，其種類多寡，量積大小，也不一致。一般人所以爲最切己而最推重的是「道德的宇宙」。「道德的宇宙」是與社會俱生的。如果世間只有我，「道德的宇宙」便不能成立。比方沒有父母，便無孝慈可言，沒有親友，便無信義可言。人與人相接觸以後，然後道德的需要便因之而起。人是社會的動物，而同時又秉有反社會的天性。想調劑社會的需要與利己的欲望，人與人之間的關係不能不有法律道德爲之維護。因有法律存在，我不能以利己欲望妨害他人，他人也不能以利己欲望妨害我，於是彼此乃宴然相安。因有道德存在，我盡心竭力以使他人享受幸福，他人也盡心竭力以使我享受幸福，於是彼此乃歡然同樂，社會中種種成文的禮法和默認的信條都是根據這個基本原理。服從這種禮法和信條便是善，破壞這種禮法和信條便是惡。善惡便是「道德的宇宙」中的價值標準。

我們既爲社會中人，享受社會所賦予的權利，便不能不對於社會負有相當義務，不能不趨善避惡，以求達到「道德的宇宙」的價值標準的最高點。在「道德的宇宙」中，如果能登峰造極，也自能實現偉大的自我，孔子、蘇格拉底和耶穌諸人的風範所以照耀千古。

但是「道德的宇宙」絕不是人生唯一的宇宙，而善惡也絕不能算是一切價值的標準，這是我們中國人往往忽略的道理。

比方在「科學的宇宙」中，善惡便不是合適的價值標準。「科學的宇宙」中的適當價值標準只是眞僞。科學家只問：我的定律是否合於事實？這個結論是否沒有訛錯；他們絕問不到：「物體向地心下墜」合乎道德嗎？「勾方加股方等於弦方」有些不仁不義罷？固然「科學的宇宙」也有時和「道德的宇宙」相牴觸。但是科學家只當心眞理而不顧社會信條。伽利略宣傳哥白尼地動說，達爾文主張生物是進化而不是神造的，就教會眼光看，他們都是不道德的，因爲他們直接的辯駁《聖經》，間接的搖動宗教和它的道德信條。可是伽利略和達爾文是「科學的宇宙」中的人物，從「道德的宇宙」所發出來的命令，他們則不敢奉命唯謹。科學家的這種獨立自由的態度到現代更漸趨明顯。比方倫理學從前是指導行爲的規範科學，而近來卻都逐漸向純粹科學的路上走，它們的問題也逐漸由「應該或不應該如此？」變爲「實在是如此或不如此？」了。

其次，「美術的宇宙」也是自由獨立的。美術的價值標準既不是是非，也不是善惡，只是美醜。從希臘以來，學者對於美術有三種不同的見解。一派以爲美術含有道德的教訓，可以陶冶性情。一派以爲美術的最大功用只在供人享樂。第三派則折衷兩說，以爲美術既是教人道德的，又是供人享樂的。好比藥丸加上糖衣，吃下去又甜又受用。這三種學說在近代都已被人推翻了。現代美術家只是「爲美術而言美術」（art for art's sake）。義大利美學泰斗克羅齊並且說美和善是絕對不能混爲一談的。因爲道德行爲都是起於意志，而美術品只是直覺得來的意象，無關意志，所以無關道德。這並非說美術是不道德的，美術既非「道德的」，也非「不道德的」，它只是「超道德的」。說一個幻想是道德的，或者說一幅畫是不道德的，是無異於說一個方形是道德的，或者說一個三角形是不道德的，同爲毫無意義。美術家最大的使命求創造一種意境，而意境必須超脫現實。我們可以說，在美術方面，不能「脫實」便是不能「脫俗」。因此，從「道德的宇宙」中的標準看，曹操、阮大鋮、李波·李披（Fra Lippo Lippi）和拜倫一般人都不是聖賢，而從「美術的宇宙」中的標準看，這些人都不失其爲大詩家或大畫家。

再其次，我以爲戀愛也是自成一個宇宙；在「戀愛的宇宙」裡，我們只能問某人之愛某人是否眞純，不能問某人之愛某人是否應該。其實就是只「應該不應該」的問題，戀愛也是不能打消的。從生物學觀點看，生殖對於種族為重大的利益，而對於個體則為重大的犧牲。帶有重大的犧牲，不能不兼有重大的引誘，所以性慾本能在諸本能中最為強烈。我們可以說，人應該生存，應該綿延種族，所以應該戀愛。但是這番話仍然是站在「道德的宇宙」中說的，在「戀愛的宇宙」中，戀愛不是這樣機械的東西，它是至上的，神聖的，含有無窮奧秘的。在戀愛的狀態中，兩人脈搏的一起一落，兩人心靈一往一復，都恰能忻合無間。在這種境界，如果身家財產學業名譽道德等等觀念滲入一分，則戀愛真純的程度便須減少一分。真能戀愛的人只是為戀愛而戀愛，戀愛以外，不復另有宇宙。

「戀愛的宇宙」和「道德的宇宙」雖不必定要不能相容，而在實際上往往互相衝突。戀愛和道德相衝突時，我們既不能兩全，應該犧牲戀愛呢，還是犧牲道德呢？道德家說，道德至上，應犧牲戀愛。愛倫凱一般人說，戀愛至上，應犧牲道德。就我看，這所謂「道德至上」與「戀愛至上」都未免籠統。我們應該加上形容句子說，在「道德的宇宙」中道德至上，在「戀愛的宇宙」中戀愛至上。所以遇著戀愛和道德相衝突時，社會本其「道德的宇宙」的標準，對於戀愛者大肆其攻擊詆毀，是分所應有的事，因爲不如此則社會賴以維持的道德難免隳喪；而戀愛者整個的酣醉於「戀愛的宇宙」裡，毅然不顧一切，也是分所應有的事，因爲不如此則戀愛不眞純。

「戀愛的宇宙」中，往往也可以表現出最偉大的人格。我時常想，能夠恨人極點的人和能夠愛人極點的人都不是庸人。日本民族是一個有生氣的民族，因他們中間有人能夠以嫌怨殺人，有人能夠爲戀愛自殺。我們中國人隨在都講「中庸」，戀愛也只能達到溫湯熱。所以爲戀愛而受社會攻擊的人，立刻就登報自辯。這不能不算是根性淺薄的表徵。

朋友，我每次寫信給你都寫到第六張信箋爲止。今天已寫完第六張信箋了，可是如果就在此擱筆，恐怕不免叫人誤解，讓我在收尾時鄭重聲明一句罷。戀愛是至上的，是神聖的，所以也是最難遭遇的。「道德的宇宙」裡眞正的聖賢少，「科學的宇宙」裡絕對眞理不易得，「美術的宇宙」裡完美的作家寥寥，「戀愛的宇宙」裡眞正的戀愛人更是鳳毛麟角。戀愛是人格的交感共鳴，所以戀愛眞純的程度以人格高下爲準。一般人誤解戀愛，動於一時飄忽的性慾衝動而發生婚姻關係，境過則情遷，色衰則愛弛，這雖是冒名戀愛，實則只是縱慾。我爲眞正戀愛辯護，我卻不願爲縱慾辯護；我願青年應該懂得戀愛神聖，我卻不願青年在血氣未定的時候，去盲目地假戀愛之名尋求洩慾。

意長紙短，你大概已經懂得我的主張了罷？

你的朋友　孟實

七 談升學與選課

朋友：

你快要在中學畢業，此時升學問題自然常在腦中盤旋。這一著也是人生一大關鍵，所以，值得你愼而又愼。

升學問題分析起來便成爲兩個問題，第一是選校問題，第二是選科問題。這兩個問題自然是密切相關的，但是爲說話清晰起見，分開來說，較爲便利。

我把選校問題放在第一，因爲青年們對於選校是最容易走入迷途的。現在中國社會還帶有科舉時代的資格迷。比方小學才畢業便希望進大學，中學才畢業便希望出洋，出洋基本學問還沒有做好，便希望掇拾中國古色斑斑的東西去換博士。學校文憑只是一種找飯碗的敲門磚。學校招牌愈亮，文憑就愈行時，實學是無人過問的。社會既有這種資格迷，而資格買賣所便乘機而起。租三間鋪面，拉攏一個名流當「名譽校長」，便可掛起一個某某大學的招牌。只看上海一隅，大學的總數比較英或法全國大學的總數似乎還要超過，誰說中國文化沒有提高呢？大學既多，只是稱「大學」還不能動聽，於是「大學」之上又冠以「美國政府註冊」的頭銜。既「大學」而又在「美國政府註冊」，生意自然更加茂盛了。何況許多名流又肯「熱心教育」做「名譽校長」呢？

朋友，可惜這些多如牛毛的大學都不能解決我們升學的困難，因爲那些有「名譽校長」或是「美國政府註冊」的大學，是預備讓有錢可花的少爺公子們去逍遙歲月，像你我們既無錢可花，又無時光可花，只好望望然去罷。好在它們的生意並不會因我們「杯葛」而低落的，我們求學最難得的是誠懇的良師與和愛的益友，所以選校應該以有無誠懇、和愛的空氣爲准。如果能得這種學校空氣，無論是大學不是大學，我們都可以心滿意足。做學問全賴自己，做事業也全賴自己，與資格都無關係。我看過許多留學生程度不如本國大學生，許多大學生程度不如中學生。至於憑資格去混事做，學校的資格在今日是不大高貴的，你如果作此想，最好去逢迎奔走，因爲那是一條較捷的路徑。

升學問題，跨進大學門限以後，還不能算完全解決。選科選課還得費你幾番躊躇。在選課的當兒，個人興趣與社會需要嘗不免互相衝突。許多人升學選課都以社會需要爲准。從前人都歡迎速成法政；我在中學時代，許多同學都希望進軍官學校或是教會大學；我進了高等師範，那要算是窮人末路。那時高等師範裡最時髦的是英文科，我選了國文科，那要算是腐儒末路。杜威來中國時，哥倫比亞大學的留學生把教育學也弄得很熱鬧。近來書店逐漸增多，出詩文集一天容易似一天，文學的風頭也算是出得十足透頂。聽說現在法政經濟又很走時了。朋友，你是學文學或是學法政呢？「學以致用」本來不是一種壞的主張；但是資稟興趣人各不同，你假若爲社會需要而忘卻自己，你就未免是一位「今之學者」了。任何科目，只要和你興趣資稟相近，都可以發揮你的聰明才力，都可以使你效用於社會。所以你選課時，旁的問題都可以丟開，只要問：「這門功課合我的胃口麼？」

我時常想，做學問，做事業，在人生中都只能算是第二樁事。人生第一樁事是生活。我所謂「生活」是「享受」，是「領略」，是「培養生機」。假若爲學問爲事業而忘卻生活，那種學問事業在人生中便失其眞正意義與價值。因此，我們不應該把自己看作社會的機械。一味迎合社會需要而不顧自己興趣的人，就沒有明白這個簡單的道理。

我把生活看做人生第一樁要事，所以不贊成早談專門；早談專門便是早走狹路，而早走狹路的人對於生活常不能見得面面俱到。前天G君對我談過一個故事，頗有趣很可說明我的道理。他說，有一天，一個中國人、一個印度人和一位美國人遊歷，走到一個大瀑布前面，三人都看得發呆。中國人說：「自然眞是美麗！」印度人說：「在這種地方才見到神的力量呢！」美國人說：「可惜偌大水力都空費了！」這三句話各各不同，各有各的眞理，也各有各的缺陷。在完美的世界裡，我們在瀑布中應能同時見到自然的美麗，神力的廣大和水力的實用。許多人因爲站在狹路上，只能見到諸方面的某一面，便說他人所見到的都不如他的眞確。前幾年大家曾像煞有介事地爭辯哲學和科學，爭辯美術和宗教，不都是坐井觀天誣天渺小麼？

我最怕和談專門的書呆子在一起，你同他談話，他三句話就不離本行。談到本行以外，旁人所以爲興味盎然的事物，他聽之則痲木不能感覺。像這樣的人是因爲做學問而忘記生活了。我特地提出這一點來說，因爲我想現在許多人一大談職業教育，而不知單講職業教育也頗危險。我並非反對職業教育，我卻深深地感覺到職業教育應該有寬大自由教育（Liberal education）做根底。倘若先沒有多方面的寬大自由教育做根底，則職業教育的流弊，在個人方面，常使生活單調乏味，在社會方面，常使文化膚淺偏狹。

許多人一開口就談專門（specialization），就談研究（research work）。他們說，歐美學問進步所以迅速，由於治學尚專門。原來不專則不精，固是自然之理，可是「專」也並非是任何人所能說的。倘若基礎樹得不寬廣，你就是「專」，也絕不能「專」到多遠路。自然和學問都是有機的系統，其中各部分常息息相通，牽此則動彼。倘若你對於其他各部分都茫無所知，而專門研究某一部分，實在是不可能的。哲學和歷史，須有一切學問做根底；文學與哲學歷史也密切相關；科學是比較可以專習的，而實亦不盡然。比方生物學，要研究到精深的地步，不能不通化學，不能不通物理學，不能不通地質學，不能不通數學和統計學，不能不通心理學。許多人連動物學和植物學的基礎也沒有，便談專門研究生物學，是無異於未學爬而先學跑的。我時常想，學問這件東西，先要能博大而後能精深。「博學守約」，眞是至理名言。亞里斯多德是種種學問的祖宗。康德在大學裡幾乎能擔任一切功課的教授。歌德蓋代文豪而於科學上也很有建樹。亞當．斯密是英國經濟學的始祖，而他在大學是教授文學的。近如羅素，他對於數學，哲學，政治學樣樣都能登峰造極。這是我信筆寫來的幾個確例。西方大學者（尤其是在文學方面）大半都能同時擅長幾種學問的。

我從前預備再做學生時，也曾癡心妄想過專門研究某科中的某某問題。來歐以後，看看旁人做學問所走的路徑，才覺悟像我這樣淺薄，就談專門研究，眞可謂「顏之厚矣！」我此時才知道從前在國內聽大家所談的「專門」是怎麼一回事。中國一般學者的通病就在不重根基而侈談高遠。比方「講東西文化」的人，可以不通哲學，可以不通文學和美術，可以不通歷史，可以不通科學，可以不懂宗教，而信口開河，憑空立說；歷史學者聞之竊笑，科學家聞之竊笑，文藝批評學者聞之竊笑，只是發議論者自己在那裡洋洋得意。再比方著世界文學史的人，法國文學可以不懂，英國文學可以不懂，德國文學可以不懂，希臘文學可以不懂，中國文學可以不懂，而東抄西襲，堆砌成篇，使法國文學學者見之竊笑，英國文學學者見之竊笑，中國文學學者見之竊笑，只是著書人在那裡大吹喇叭。這眞所謂「放屁放屁，眞正豈有此理！」

朋友，你就是升到大學裡去，千萬莫要染著時下習氣，侈談高遠而不注意把根基打得寬大穩固。我和你相知甚深，客氣話似用不著說。我以爲你在中學所打的基本學問的基礎還不能算是穩固，還不能使你進一步談高深專門的學問。至少在大學頭一二年中，你須得盡力多選功課，所謂多選功課，自然也有一個限制。貪多而不務得，也是一種毛病。我是說，在你的精力時間可能範圍以內，你須極力求多方面的發展。

最後，我這番話只是對你的情形而發的。我不敢說一切中學生都要趁著這條路走。但是對於預備將來專門學某一科而謀深造的人，尤其是所學的關於文哲和社會科學方面，我的忠告總含有若干眞理。

同時，我也很願聽聽你自己的意見。

你的朋友　孟實

八　談作文

朋友：

我們對於許多事，自己愈不會做，愈望朋友做得好。我生平最大憾事就是對於美術和運動都一無所長。幼時薄視藝事爲小技，此時亦偶發宏願去學習，終苦於心勞力拙，快快然廢去。所以每遇年幼好友，就勸他趁早學一種音樂，學一項運動。

其次，我極羨慕他人做得好文章。每讀到一種好作品，看見自己所久想說出而說不出的話，被他人輕輕易易地說出來了，一方面固然以作者「先獲我心」爲快，而另一方面也不免心懷慚怍，惟其慚怍，所以每遇年幼好友，也苦口勸他練習作文，雖然明明知道人家會奚落我說：「你這樣起勁談作文，你自己的文章就做得瞥腳！」

文章是可以練習的麼？迷信天才的人自然嗤著鼻子這樣問。但是在一切藝術裡，天資和人力都不可偏廢。古今許多第一流作者大半都經過刻苦的推敲揣摩的訓練。法國福樓拜嘗費三個月的功夫做成一句文章；莫泊桑嘗登門請教，福樓拜叫他把十年辛苦成就的稿本付之一炬，從新起首學描實境。我們讀莫泊桑那樣的極自然極輕巧極流利的小說，誰想到他的文字也是費功夫作出來的呢？我近來看見兩段文章，覺得是青年作者應該懸爲座右銘的，寫在下面給你看看。

一段是從托爾斯泰的兒子Count Ilya Tolstoy所做的《回想錄》（*Reminiscences*）裡面譯出來的，這段記載托爾斯泰著《安娜・卡列尼娜》（*Anna Karenina*）修稿時的情形。他說：

《安娜・卡列尼娜》初登俄報Vyetnik時，底頁都須寄吾父親自己校對。他起初在紙邊加印刷符號如刪削句讀等。繼而改字，繼而改句，繼而又大加增刪，到最後，那張底頁便成百孔千瘡，糊塗得不可辨識。幸吾母尚能認清他的習用符號以及更改增刪。她嘗終夜不眠替吾父謄清改過的底頁。次晨，她便把他很整潔的清稿擺在桌上，預備他下來拿去付郵。吾父把這清稿又拿到書房裡去看「最後一遍」，到晚間這清稿又重新塗改過，比原來那張底頁要更加糊塗，吾母只得再抄一遍。他很不安地向吾母道歉。「松雅吾愛，真對不起你，我又把你謄的稿子弄糟了。我再不改了。明天一定發出去。」但是明天之後又有明天。有時甚至於延遲幾禮拜或幾月。他總是說，「還有一處要再看一下」，於是把稿子再拿去改過。再謄清一遍。有時稿子已發出了，吾父忽然想到還要改幾個字，便打電報去吩咐報館替他改。

你看托爾斯泰對文字多麼謹慎，多麼不憚煩！此外小泉八雲給張伯倫教授（Prof. Chamberlain）的信也有一段很好的自白，他說：

……題目擇定，我先不去運思，因為恐怕易生厭倦。我作文只是整理筆記。我不管層次，把最得意的一部分先急忙地信筆寫下。寫好了，便把稿子丟開，去做其他較適宜的工作。到第二天，我再把昨天所寫的稿子讀一遍，仔細改過，再從頭至尾謄清一遍，在謄清中，新的意思自然源源而來，錯誤也呈現了，改正了。於是我又把它擱起，再過一天，我又修改第三遍。這一次是最重要的，結果總比原稿大有進步，可是還不能說完善。我再拿一片乾淨紙作最後的謄清，有時須謄兩遍。經過這四五次修改以後，全篇的意思自然各歸其所，而風格也就改定妥帖了。

小泉八雲以美文著名，我們讀他這封信，才知道他的成功秘訣。一般人也許以爲這樣咬文嚼字近於迂腐。在青年心目中，這種訓練尤其不合胃口。他們總以爲能倚馬千言不加點竄的才算好角色。這種念頭不知誤盡多少蒼生！在藝術田地裡比在道德田地裡，我們尤其要講良心。稍有苟且，便不忠實。聽說印度的甘地主辦一種報紙，每逢作文之先，必齋戒靜坐沉思一日夜然後動筆。我們以文字騙飯吃的人們對此能不愧死麼？

文章像其他藝術一樣，「神而明之，存乎其人」，精微奧妙都不可言傳，所可言傳的全是糟粕。不過初學作文也應該認清路徑，而這種路徑是不難指點的。

學文如學畫，學畫可臨帖，又可寫生。在這兩條路中間，寫生自然較爲重要。可是臨帖也不可一筆勾銷，筆法和意境在初學時總須從臨帖中領會。從前中國文人學文大半全用臨帖法。每人總須讀過幾百篇或幾千篇名著，揣摩呻吟，至能背誦，然後執筆爲文，手腕自然純熟。歐洲文人雖亦重讀書，而近代第一流作者大半由寫生入手。莫泊桑初請教於福樓拜，福樓拜叫他描寫一百個不同的面孔。霸若因爲要描寫吉普賽野人生活，便自己去和他們同住，可是這並非說他們完全不臨帖。許多第一流作者起初都經過模仿的階段。莎士比亞起初模仿英國舊戲劇作者。白朗寧起初模仿雪萊。杜斯妥也夫斯基和許多俄國小說家都模仿雨果。我以爲向一般人說法，臨帖和寫生都不可偏廢。所謂臨帖在多讀書。中國現當新舊交替時代，一般青年頗苦無書可讀。新作品寥寥有數，而舊書又受復古反動影響，爲新文學家所不樂道。其實冬烘學究之厭惡新小說和白話詩，和新文學運動者之攻擊讀經和念古詩文，都是偏見。文學上只有好壞的分別，沒有新舊的分別。青年們讀新書已成時髦，用不著再提倡，我只勸有閒工夫有好興致的人對於舊書也不妨去讀讀看。

讀書只是一步預備的工夫，眞正學作文，還要特別注意寫生。要寫生，須勤做描寫文和記敘文。中國國文教員們常埋怨學生們不會做議論文。我以爲這並不算奇怪。中學生的理解和知識大半都很貧弱，胸中沒有議論，何能做得出議論文？許多國文教員們叫學生入手就做議論文，這是沒有脫去科舉時代的陋習。初學作議論文是容易走入空疏俗濫的路上去。我以爲初學作文應該從描寫文和記敘文入手，這兩種文做好了，議論文是很容易辦的。

這封信只就一時見到的幾點說說。如果你想對於作文方法還要多知道一點，我勸你看看夏丏尊和劉薰宇兩先生合著的《文章作法》。這本書有許多很精當的實例，對於初學是很有用的。

你的朋友　孟實

九　談情與理

朋友：

去年張東蓀先生在《東方雜誌》發表過兩篇論文，討論獸性問題，並提出理智救國的主張。今年李石岑先生和杜亞泉先生也爲著同樣問題，在《一般》上起過一番辯論。一言以蔽之，他們的爭點是：我們的生活應該受理智支配呢？還是應該受感情支配呢？張、杜兩先生都是理智的辯護者，而李先生則私淑尼采，對於理智頗肆抨擊。我自己在生活方面，常感著情與理的衝突。近來稍涉獵文學、哲學，又發現現代思潮的激變，也由這個衝突發軔。屢次手癢，想做一篇長文，推論情與理在生活與文化上的位置，因爲牽涉過廣，終於擱筆。在私人通信中，大題不妨小作，而且這個問題也是青年急宜瞭解的，所以趁這次機會，粗陳鄙見。

科學家討論事理，對於規範與事實，辨別極嚴。規範是應然，是以人的意志定出一種法則來支配人類生活的。事實是實然的，是受自然法則支配的。比方倫理、教育、政治、法律、經濟各種學問都側重規範，數、理化各種學問都側重事實。規範雖和事實不同，而卻不能不根據事實。比方在教育學中，「自由發展個性」是一種規範，而根據的是兒童心理學中的事實；在馬克思派經濟學中，「階級鬥爭」和「勞工專政」都是規範，而「剩餘價值」律和「人口過剩」律是他所根據的事實。但是一般人制定規範，往往不根據事實而根據自己的希望。不知人的希望和自然界的事實常不相侔，而規範是應該限於事實的。規範倘若不根據事實，則不特不能實現，而且漫無意義。比方在事實上二加二等於四，而人的希望往往超過事實，硬想二加二等於五。既以為二加二等於五是很好的，便硬定「二加二應該等於五」的規範，這豈不是夢語？

我所以不滿意張東蓀、杜亞泉諸先生的學說者，就因為他們既沒有把規範和事實分別清楚，而又想離開事實，只憑自家理想去訂規範。他們想把理智抬舉到萬能的地位，而不問在事實上理智是否萬能；他們只主張理智應該支配一切生活，而不考究生活是否完全可以理智支配。我很奇怪張先生以柏格森的翻譯者而抬舉理智，我尤其奇怪杜先生想從哲學和心理學的觀點去抨擊李先生，而不知李先生的學說得自尼采，又不知他自己所根據的心理學早已陳死。只論事實，世界文化和個人生活果能順著理智所指的路徑前進麼？現代哲學和心理學對於這個問題所給的答案是否定的。

哲學家怎麼說呢？現代哲學的主要潮流可以說主要是十八世紀理智主義的反動。自尼采、叔本華以至於柏格森，沒有人不看透理智的威權是不實在的。依現代哲學家看，宇宙的生命、社會的生命和個體的生命都只有目的而無先見（**purposive without foresight**）。所謂有目的，是說生命是有歸宿的，是向某固定方向前進的；所謂無先見，是說在某歸宿之先，生命不能自己預知歸宿何所。比方母雞孵卵，其目的在產小雞，而這個目的卻不必預存於母雞的意識中。理智就是先見，生命不受先見支配，所以不受理智支配。這是現代哲學上一種主要思潮，而這個思潮在政治思想上演出兩個相反的結論。其一為英國保守派政治哲學。他們說，理智既不能左右社會生命，所以我們應該讓一切現行制度依舊存在，它們自己會變好，不用人費力去籌畫改革。其一為法國行會主義（**syndicalism**）。這派激烈分子說，現行制度已經夠壞了，把它們打破以後，任它們自己變去，縱然沒有理智產生的建設方略，也決不會有比現在更壞的制度發現出來。無論你相信哪一說，理智都不是萬能的。

在心理學方面，理智主義的反動尤其劇烈。這種反動有兩個大的傾向。第一個傾向是由邊沁的享樂主義（hedonism）轉到麥獨孤的動原主義（homic theory）。享樂派心理學者以為一切行為都不外尋求快感與避免痛感。快感與痛感就是行為的動機。吾人心中預存何者發生快感、何者發生痛感的計算，而後才有尋求與避免的行為。換句話說，行為是理智的產品，而理智所去取，則以感覺之快與不快為標準。這種學說在十八、十九兩世紀頗盛行，到了現代，因為受麥獨孤心理學者的攻擊，已成體無完膚。依麥獨孤派學者看，享樂主義誤在倒果為因。快感與痛感是行為的結果，不是行為的動機，動作順利，於是生快感，動作受阻礙，於是生痛感；在動作未發生之前，吾人心中實未曾運用理智，預期快感如何尋求、痛感如何避免。行為的原動力是本能與情緒，不是理智。這個道理麥獨孤在他的《社會心理學》裡說得很警闢。

心理學上第二個反理智的傾向是佛洛伊德派的隱意識心理學。依這派學者看，心好比大海，意識好比海面浮著的冰山，其餘汪洋深湛的統是隱意識。意識在心理中所占位置甚小，而理智在意識中所占位置又甚小，所以理智的能力是極微末的，通常所謂理智，大半是理性化（rationalization）的結果，理智之來，常不在行爲未發生之前，而在行爲已發生之後。行爲之發生，大半由隱意識中的情意綜（complexes）主持。吾人於事後須得解釋辯護，於是才找出種種理由來。這便是理性化。比方一個人鍾愛一個女子，天天不由自主的走到她的寓所左右。而他自己所能舉出的理由只不外「去看報紙」，「去訪她哥哥」，「去看那棵柳樹今天開了幾片新葉」一類的話。照這樣說，不特理智不易駕馭感情，而理智自身也不過是感情的變相。維護理智的人喜用佛洛伊德的昇華說（sublimation）做護身符，不知所謂昇華大半還是隱意識作用，其中情的成分比理的成分更加重要。

總觀以上各點，我們可以知道在事實上理智支配生活的能力是極微末、極薄弱的，尊理智抑感情的人在思想上是開倒車，是想由現世紀回到十八世紀。開倒車固然不一定就是壞，可是要開倒車的人應該先證明現代哲學和心理學是錯誤的。不然，我們絕難悅服。

更進一步，我們姑且丟開理智是否確能支配情感的問題，而衡量理智的生活是否確比情感的生活價值來得高。迷信理智的人不特假定理智能支配生活，而且假定理智的生活是盡善盡美的。第一個假定，我們已經知道，是與現代哲學和心理學相矛盾的。現在我們來研究第二個假定。

第一，我們應該知道理智的生活是很狹隘的。如果純任理智，則美術對於生活無意義，因爲離開情感，音樂只是空氣的震動，圖畫只是塗著顏色的紙，文學只是聯串起來的字。如果純任理智，則宗教對於生活無意義，因爲離開情感，自然沒有神奇，而冥感靈通全是迷信。如果純任理智，則愛對於人生也無意義，因爲離開情感，男女的結合只是爲著生殖。我們試想生活中無美術，無宗教（我是指宗教的狂熱的情感與堅決信仰），無愛情，還有什麼意義？記得幾年前有一位學生物學的朋友在《學燈》上發表一篇文章，說窮到究竟，人生只不過是吃飯與交媾。他的題目我一時記不起，彷彿是「悲」、「哀」一類的字。專從理智著想，他的話是千眞萬確的。但是他忘記了人是有感情的動物。有了感情，這個世界便另是一個世界，而這個人生便另是一個人生，決不是吃飯交媾就可以了事的。

第二，我們應該知道理智的生活是很冷酷的，很刻薄寡恩的。理智指示我們應該做的事甚多，而我們實在做到的還不及百分之一。所做到的那百分之一大半全是由於有情感在後面驅遣。比方我天天看見很可憐的乞丐，理智也天天提醒我賑濟困窮的道理，可是除非我心中憐憫的情感觸動時，我百回就有九十九回不肯掏腰包。前幾天聽見一位國學家投河的消息，和朋友們談，大家都覺得他太傻。他固然是傻，可是世間有許多事項得有幾分傻氣的人才能去做。純信理智的人天天都打計算，有許多不利於己的事他決不肯去做的。歷史上許多俠烈的事蹟都是情感的而不是理智的。

人類如要完全信任理智，則不特人生趣味剝削無餘，而道德亦必流爲下品。嚴密說起，純任理智的世界中只能有法律而不能有道德。純任理智的人縱然也說道德，可是他們的道德是問理的道德（morality according to principle），而不是問心的道德（morality according to heart）。問理的道德迫於外力，問心的道德激於衷情，問理而不問心的道德，只能給人類以束縛而不能給人類以幸福。

比方中國人所認爲百善之首的「孝」，就可以當作問理的道德，也可以當作問心的道德。如果單講理智，父母對於子女不能居功，而子女對於父母便不必言孝。這個道理胡適之先生在〈答汪長祿書〉裡說得很透闢。他說：

「父母於子無恩」的話，從王充、孔融以來，也很久了。……今年我自己生了一個兒子，我才想到這個問題上去。我想這個孩子自己並不曾自由主張要生在我家，我們做父母的也不曾得他的同意，就糊裡糊塗的給他一條生命，況且我們也並不曾有意送給他這條生命。我們既無意，如何能居功？……我們生一個兒子，就好比替他種了禍根，又替社會種了禍根。……所以我們教他養他，只是我們減輕罪過的法子。……這可以說是恩典嗎？

因此，胡先生不贊成把「兒子孝順父母」列爲一種「信條」。

胡先生所以得此結論，是假定孝只是一種報酬，只是一種問理的道德。把孝當作這樣解釋，我也不贊成把它「列爲一種信條」。但是我們要知道眞孝並不是一種報酬，並不是借債還息。孝只是一種愛，而凡愛都是以心感心，以情動情，絕不像做生意買賣，時時抓住算盤子，計算你給我二五，我應該報酬你一十。換句話說，孝是情感的，不是理智的。世間有許多慈母，不惜犧牲一切，以養護她的嬰兒；世間也有許多嬰兒，無論到了怎樣困窮憂戚的境遇，總可以把頭埋在母親的懷裡，得那不能在別處得到的保護與安慰。這就是孝的起源，這也就是一切愛的起源。這種孝全是激於至誠的，是我所謂問心的道德。

孝不是一種報酬，所以不是一種義務，把孝看成一種義務，於是「孝」就由問心的道德降而為問理的道德了。許多人「孝順」父母，並不是因為激於情感，只因為他想凡是兒子都須得孝順父母，才成體統。禮至而情不至，孝的意義本已喪失。儒家想因存禮以存情，於是孝變成一種虛文。像胡先生所說，「無論怎樣不孝的人，一穿上麻衣，帶上高粱冠，拿著哭喪棒，人家就讚他做『孝子』了」。近人非孝，也是從理智著眼，把孝看作一種債息。其實與儒家末流犯同一毛病。問理的孝可非，而問心的孝是不可非的。

孝不過是許多事例中之一種。其他一切道德也都可以有問心的和問理的分別。問理的道德雖亦不可少，而衡其價值，則在問心的道德之下。孔子講道德注重「仁」字，孟子講道德注重「義」字，「仁」比「義」更有價值，是孔門學者所公認的。「仁」就是問心的道德，「義」就是問理的道德。宋儒注「仁義」兩個字說：「仁者心之德，義者事之宜。」這是很精確的。

我說了這許多話，可以一言以蔽之，「仁」勝於「義」，問心的道德勝於問理的道德，所以情感的生活勝於理智的生活。生活是多方面的，我們不但要能夠知（know），我們更要能夠感（feel）。理智的生活只是片面的生活。理智沒有多大能力去支配情感，縱使理智能支配情感，而理勝於情的生活和文化都不是理想的。

我對於這個問題還有許多的話，在這封信裡只能言不盡意，待將來再說。

你的朋友　孟實

附註　此文發表後，曾蒙杜亞泉先生給了一個批評（見《一般》三卷三號），當時課忙，所以沒有奉覆。我此文結論中明明說過：「問理的道德雖亦不可少，而衡其價值，則在問心的道德之下。」我並沒有說把理智完全勾銷。杜先生也說：「我也主張主情的道德。」然則我們的意見根本並無二致。我不能不羨慕杜先生真有閒功夫。

十 談擺脫

朋友：

近來研究黑格爾（Hegel）討論悲劇的文章，有時拿他的學說來印證實際生活，頗覺欣然有會意。許久沒有寫信給你，現在就拿這點道理作談料。

黑格爾對於古今悲劇，最推尊希臘索福克勒斯（Sophocles）的《安提戈涅》（*Antigone*）。安提戈涅的哥哥因爲爭王位，借重敵國的兵攻擊他自己的祖國忒拜，他在戰場上被打死了。忒拜新王克瑞翁（Creon）懸令，如有人敢收葬他，便處死罪，因爲他是一個國賊。安提戈涅很像中國的聶嫈，毅然不避死刑，把她哥哥的屍骨收葬了。安提戈涅又是和克瑞翁的兒子海蒙（Haemon）訂過婚的，她被絞以後，海蒙痛恨他，也自殺了。

黑格爾以爲凡悲劇都生於兩理想的衝突，而安提戈涅是最好的實例。就克瑞翁說，做國王的職責和做父親的職責相衝突。就安提戈涅說，做國民的職責和做妹妹的職責相衝突。就海蒙說，做兒子的職責和做情人的職責相衝突。因此衝突，故三方面結果都是悲劇。

黑格爾只是論文學，其實推廣一點說，人生又何嘗不是一種理想的衝突場？不過實在界和舞臺有一點不同，舞臺上的悲劇生於衝突之得解決，而人生的悲劇則多生於衝突之不得解決。生命途程上的歧路儘管千差萬別，而實際上只有一條路可走，有所取必有所捨，這是自然的道理。世間有許多人站在歧路上只徘徊顧慮，既不肯有所捨，便不能有所取。世間也有許多人既走上這一條路，又念念不忘那一條路。結果也不免差誤時光。「魚我所欲，熊掌亦我所欲，二者不可得兼，捨魚而取熊掌可也。」有這樣果決，悲劇絕不會發生。悲劇之發生就在既不肯捨魚，又不肯捨熊掌，只在那兒垂涎打算盤。這個道理我可以舉幾個實例來說明：

「禾」是一個大學生，很好文學，而他那一班的功課有簿記、有法律，都是他所厭惡的。他每見到我便愁眉蹙額地說：「眞是無聊！天天只是預備考試！天天只是讀這些沒有意味的課本！」我告訴他，「你既不歡喜那些東西，便把它們丟開就是了。」他說：「既然花了家裡的錢進學堂，總得要勉強敷衍考試才是。」我說：「你要敷衍考試，就敷衍考試是了。」然而他天天嫌惡考試，天天又在那兒預備考試。

我有一個幼時的同學戀愛了一個女子。他的家庭極力阻止他。他每次來信都向我訴苦。我去信告訴他說：「你既然愛她，便毅然不顧一切去愛她就是了。」他又說：「家庭骨肉的恩愛就能夠這樣恝然置之麼？」我回覆他說：「事既不能兩全，你便應該趁早疏絕她。」但是他到現在還是猶豫不知所可，還是照舊叫苦。

「禹」也是一個舊相識。他在衙門裡充當一個小差事。他很能做文章，家裡雖不豐裕，也還不至於沒有飯吃。衙門裡案牘和他的脾胃不很合，而且妨礙他著述。他時常覺得他的生活沒有意味，和我談心時，不是說：「噯，如果我不要就這個事，這本稿子久已寫成了。」就是說：「這事簡直不是人幹的，我回家陪妻子吃糙米飯去了！」像這樣的話我也不知道聽他說過多少回數，但是他還是依舊風雨無阻地去應卯。

這些朋友的毛病都不在「見不到」而在「擺脫不開」。「擺脫不開」便是人生悲劇的起源。畏首畏尾，徘徊歧路，心境既多苦痛，而事業也不能成就。

許多人的生命都是這樣模模糊糊地過去的。要免除這種人生悲劇，第一須要「擺脫得開」。消極說是「擺脫得開」，積極說便是「提得起」，便是「抓得住」。認定一個目標，便專心致志地向那裡走，其餘一切都置之度外，這是成功的秘訣，也是免除煩惱的秘訣。現在姑且舉幾個實例來說明我所謂「擺脫得開」。

釋迦牟尼當太子時，乘車出遊，看到生老病死的苦狀，便恍然解悟人生虛幻，把慈父、嬌妻、愛子和王位一齊拋開，深夜遁人深山，靜坐菩提樹下，冥心默想解脫人類罪苦的方法。這是古今第一個知道擺脫的人。其次如蘇格拉底，如耶穌，如屈原，如文天祥，爲保持人格而從容就死，能擺脫開一般人所擺脫不開的生活欲，也很可以廉頑立儒。再其次如希臘第歐根尼提倡克欲哲學，除一個飲水的杯子和一個盤坐的桶子以外，身旁別無長物，一日見童子用手捧水喝，他便把飲水的杯子也擲碎。猶太斯賓諾莎學說與猶太教義不合，猶太教徒行賄不遂，把他驅逐出籍，他以後便專靠磨鏡過活。他在當時是歐洲第一個大哲學家，海得爾堡大學請他去當哲學教授，他說：「我還是磨我的鏡子比較自由」，所以謝絕教授的位置。這是能爲眞理爲學問擺脫一切的。卓文君逃開富家的安適，去陪司馬相如當爐賣酒，是能爲戀愛擺脫一切的。張翰在齊做大司馬東曹椽，一天看見秋風乍起，想起吳中菰菜蓴羹鱸魚膾，立刻就棄官歸里。陶淵明做彭澤令，不願束帶見督郵，向縣吏說：「我豈能爲五斗米折腰向鄉里小兒！」立即解綬辭官。這是能擺脫祿位以行吾心所安的。英國小說家司各特早年頗致力於詩，後讀拜倫著作，知道自己在詩的方面不能有大成就，便丟開音律專去做他的小說。這是能爲某一種學問而擺脫開其他學問之引誘的。孟敏墮甑，不顧而去。郭林宗問他的緣故，他回答說：「甑已碎，顧之何益？」這是能擺脫過去失敗的。

斯蒂文森論文，說文章之術在知遺漏（the art of omitting），其實不獨文章如是，生活也要知所遺漏。我幼時，有一位最敬愛的國文教師看出我不知擺脫的毛病，嘗在我的課卷後面加這樣的批語：「長槍短戟，用各不同，但精其一，已足致勝，汝才有偏向，姑發展其所長，不必廣心博鶩也。」十年以來，說了許多廢話，看了許多廢書，做了許多不中用的事，走了許多沒有目標的路，多嘗試，少成功，回憶師訓，殊覺赧然，冷眼觀察，世間像我這樣暗中摸索的人正亦不少。大節固不用說，請問街頭那紛紛群衆忙的爲什麼？爲什麼天天做明知其無聊的工作，說明知其無聊的話，和明知其無聊的朋友假意周旋？在我看來，這都由於「擺脫不開」。因爲人人都「擺脫不開」，所以生命便成了一幕最大的悲劇。

朋友，我寫到這裡，已超過尋常篇幅，把上面所寫的翻看一過，覺得還沒有把「擺脫」的道理說得透。我只談到粗淺處，細微處讓你自己暇時細心體會。

你的朋友　孟實

十一　談在羅浮宮所得的一個感想

朋友：

去夏訪巴黎羅浮宮，得摩挲《蒙娜．麗莎》肖像的原跡，這是我生平一件最快意的事。凡是第一流美術作品都能使人在微塵中見出大千，在刹那中見出終古。李奧那多．達．文西（Leonardo de Vinci）的這幅半身美人肖像縱橫都不過十幾寸，可是她的意蘊多麼深廣！佩特（Walter Pater）在《文藝復興論》裡說希臘、羅馬和中世紀的特殊精神都在這一幅畫裡表現無遺。我雖然不知道佩特所謂希臘的生氣，羅馬的淫欲和中世紀的神秘是什麼一回事，可是從那輕盈笑靨裡我彷彿窺透人世的歡愛和人世的罪孽。雖則見歡愛而無留戀，雖則見罪孽而無畏懼。一切希冀和畏避的念頭在霎時間都渙然冰釋，只遊心於和諧靜穆的意境。這種境界我在貝多芬樂曲裡，在《密羅斯愛神》雕像裡，在《浮士德》詩劇裡，也常隱約領略過，可是都不如《蒙娜．麗莎》所表現的深刻明顯。

我穆然深思，我悠然遐想，我想像到中世紀人們的熱情，想像到達・文西作此畫時費四個寒暑的精心結構，想像到麗莎夫人臨畫時聽到四周的緩歌慢舞，如何發出那神秘的微笑。

正想得發呆時，這中世紀的甜夢忽然被現世紀的足音驚醒，一個法國嚮導領著一群四五十個男的女的美國人蜂擁而來了。嚮導操很拙劣的英語指著說：「這就是著名的《蒙娜・麗莎》。」那班肥頸項胖乳房的人們照例露出幾種驚奇的面孔，說出幾個處處用得著的讚美的形容詞，不到三分鐘又蜂擁而去了。一年四季，人們儘管川流不息的這樣蜂擁而來蜂擁而去，麗莎夫人卻時時刻刻在那兒露出你不知道是懷善意還是懷惡意的微笑。

從觀賞《蒙娜・麗莎》的群眾回想到《蒙娜・麗莎》的作者，我登時發生一種不調和的感觸，從中世紀到現世紀，這中間有多麼深多麼廣的一條鴻溝！中世紀的旅行家一天走上二百里已算飛快，現在坐飛艇不用幾十分鐘就可走幾百里了。中世紀的著作家要發行書籍須得請僧侶或抄胥用手抄寫，一個人朝於斯夕於斯的，一年還不定能抄完一部書，現在大書坊每日可出書萬卷，任何人都可以出文集詩集了。中世紀許多書籍是新奇的，連在近代，以培根、笛卡兒那樣淵博，都沒有機會窺亞里斯多德的全豹，近如包慎伯到三四十歲時才有一次機會借閱《十三經注疏》。現在圖書館林立，販夫走卒也能博通上下古今了。中世紀畫《蒙娜．麗莎》的人須自己製畫具自己配顏料，作一幅畫往往須三年五載才可成功，現在美術家每日可以成幾幅乃至於十幾幅「創作」了。中世紀人想看《蒙娜．麗莎》須和作者或他的弟子有交誼，眞能欣賞他，才能僥倖一飽眼福，現在羅浮宮好比十字街，任人來任人去了。

這是多麼深多麼廣的一條鴻溝！據歷史家說，我們已跨過了這鴻溝，所以我們現代文化比中世紀進步得多了。話雖如此說，而我對著《蒙娜．麗莎》和觀賞《蒙娜．麗莎》的群衆，終不免有所懷疑，有所驚惜。

在這個現世紀忙碌的生活中，哪裡還能找出三年不窺園、十年成一賦的人？哪裡還能找出深通哲學的磨鏡匠，或者行乞讀書的苦學生？現代科學和道德信條都比從前進步了，哪裡還能迷信宗教崇尚俠義？我們固然沒有從前人的呆氣，可是我們也沒有從前人的苦心與熱情了。別的不說，就是看《蒙娜．麗莎》也只像看破爛朝報了。

科學愈進步，人類征服環境的能力也愈大。征服環境的能力愈大，的確是人生一大幸福。但是它同時也易生流弊。困難日益少，而人類也愈把事情看得太容易，做一件事不免愈輕浮粗率，而堅苦卓絕的成就也便日益稀罕。比方從紐約到巴黎還像從前乘帆船時要經許多時日，冒許多危險，美國人穿過羅浮宮決不會像他們穿過巴黎香榭麗舍街一樣匆促。我很堅決的相信，如果美國人所謂「效率」（efficiency）以外，還有其他標準可估定人生價值，現代文化至少含有若干危機的。

「效率」以外究竟還有其他估定人生價值的標準麼？要回答這個問題，我們最好拿法國漢斯（Reims）、亞眠（Amiens）各處幾個中世紀的大教寺和紐約一座世界最高的鋼鐵房屋相比較。或者拿一幅湘繡和杭州織錦相比較，便易明白。如只論「效率」，杭州織錦和美國鋼鐵房屋都是一樣機械的作品，較之湘繡和理姆大教寺，費力少而效率差不多總算沒有可指摘之點。但是刺湘繡的閨女和建築中世紀大教寺的工程師在工作時，刺一針線或疊一塊磚，都要費若干心血，都有若干熱情在後面驅遣，他們的心眼都釘在他們的作品上，這是近代只講「效率」的工匠們所詫爲呆拙的。織錦和鋼鐵房屋用意只在適用，而湘繡和中世紀建築於適用以外還要能慰情，還要能爲作者力量氣魄的結晶，還要能表現理想與希望。假如這幾點在人生和文化上自有意義與價值，「效率」決不是唯一的估定價值的標準，尤其不是最高品的估定價值的標準。最高品估定價值的標準一定要著重人的成分（human element），遇見一種工作不僅估量它的成功如何，還有問它是否由努力得來的，是否爲高尚理想與偉大人格之表現。如果它是經過努力而能表現理想與人格的工作，雖然結果失敗了，我們也得承認它是有價值的。這個道理白朗寧（Browning）在Rabbi Ben Ezva那篇詩裡說得最精透，我不會翻譯，只擇幾段出來讓你自己去玩味：

Not on the vulgar mass
Called “work”, must Sentence pass,
Things done, that took the eye and had the price;
O, er which, from level stand,
The low world laid its hand,
Found straight way to its mind, could value intrice:

But all, the world's coarse thumb
And finger failed to plumb,
So passed in making up the main account:
All instincts immature,
All purposes unsure,
That weighed not as his work, yet swelled the
man's amount:
Thoughts hardly to be packed
Into a narrow act,
Fancies that broke through thoughts and escaped:
All I could never be,
All, men ignored in me,
This I was worth to God, whose wheel the pitcher shaped.

這幾段詩在我生平所給的益處最大。我記得這幾句話，所以能驚讚熱烈的失敗，能欣賞一般人所嗤笑的呆氣和空想，能景仰不計成敗的堅苦卓絕的努力。

假如我的十二封信對於現代青年能發生毫末的影響，我尤其虔心默祝這封信所宣傳的超「效率」的估定價值的標準能印入個個讀者的心孔裡去；因爲我所知道的學生們、學者們和革命家們都太貪容易，太浮淺粗疏，太不能深入，太不能耐苦，太類似美國旅行家看《蒙娜・麗莎》了。

你的朋友　孟實

十二　談人生與我

朋友：

我寫了許多信，還沒有鄭重其事地談到人生問題，這是一則因爲這個問題實在談濫了，一則也因爲我看這個問題並不如一般人看得那樣重要。在這最後一封信裡我所以提出這個濫題來討論者，並不是要說出什麼一番大道理，不過把我自己平時幾種對於人生的態度隨便拿來做一次談料。

我有兩種看待人生的方法。在第一種方法裡，我把我自己擺在前臺，和世界一切人和物在一塊玩把戲；在第二種方法裡，我把我自己擺在後臺，袖手看旁人在那兒裝腔作勢。

站在前臺時，我把我自己看得和旁人一樣，不但和旁人一樣，並且和鳥獸蟲魚諸物也都一樣。人類比其他物類痛苦，就因爲人類把自己看得比其他物類重要。人類中有一部分人比其餘的人苦痛，就因爲這一部分人把自己比其餘的人看得重要。比方穿衣吃飯是多麼簡單的事，然而在這個世界裡居然成爲一個極重要的問題，就因爲有一部分人要虧人自肥。再比方生死，這又是多麼簡單的事，無量數人和無量數物都已生過來死過去了。一個小蟲讓車輪壓死了，或者一朵鮮花讓狂風吹落了，在蟲和花自己都絕不值得計較或留戀，而在人類則生老病死以後偏要加上一個苦字。這無非是因爲人們希望造物主宰待他們自己應該比草木蟲魚特別優厚。

因爲如此著想，我把自己看作草木蟲魚的儕輩，草木蟲魚在和風甘露中是那樣活著，在炎暑寒冬中也還是那樣活著。像莊子所說，它們「誘然皆生，而不知其所以生；同焉皆得，而不知其所以得。」它們時而戾天躍淵，欣欣向榮，時而含葩斂翅，晏然蟄處，都順著自然所賦予的那一副本性。它們絕不計較生活應該是如何，絕不追究生活是爲著什麼，也絕不埋怨上天待它們特薄，把它們供人類宰割淩虐。在它們說，生活自身就是方法，生活自身也就是目的。

從草木蟲魚的生活，我覺得一個經驗。我不在生活以外別求生活方法，不在生活以外別求生活目的。世間少我一個，多我一個，或者我時而幸運，時而受災禍侵逼，我以為這都無傷天地之和。你如果問我，人們應該如何生活才好呢？我說，就順著自然所給的本性生活著，像草木蟲魚一樣。你如果問我，人們生活在這幻變無常的世相中究竟為著什麼？我說，生活就是為著生活，別無其他目的。你如果向我埋怨天公說，人生是多麼苦惱呵！我說，人們並非生在這個世界來享幸福的，所以那並不算奇怪。

這並不是一種頹廢的人生觀。你如果說我的話帶有頹廢的色彩，我請你在春天到百花齊放的園子裡去，看看蝴蝶飛，聽聽鳥兒鳴，然後再回到十字街頭，仔細瞧瞧人們的面孔，你看誰是活潑，誰是頹廢？請你在冬天積雪凝寒的時候，看看雪壓的松樹，看著站在冰上的鷗和游在水中的魚，然後再回頭看看遇苦便叫的那「萬物之靈」，你以為誰比較能耐苦持恆呢？

我拿人比禽獸，有人也許目為異端邪說。其實我如果要援引「經典」，稱道孔孟以辯護我的見解，也並不是難事。孔子所謂「知命」，孟子所謂「盡性」，莊子所謂「齊物」，宋儒所謂「廓然大公，物來順應」，和希臘廊下派哲學，我都可以引申成一篇經義文，做我的護身符。然而我覺得這大可不必。我雖不把自己比旁人看得重要，我也不把自己看得比旁人分外低能，如果我的理由是理由，就不用仗先聖先賢的聲威。

以上是我站在前臺對於人生的態度。但是我平時很歡喜站在後臺看人生。許多人把人生看作只有善惡分別的，所以他們的態度不是留戀，就是厭惡。我站在後臺時把人和物也一律看待，我看西施、嫫母、秦檜、岳飛也和我看八哥、鸚鵡、甘草、黃連一樣，我看匠人蓋屋也和我看鳥鵲營巢、螞蟻打洞一樣，我看戰爭也和我看鬥雞一樣，我看戀愛也和我看雄蜻蜓追雌蜻蜓一樣。因此，是非善惡對我都無意義，我只覺得對著這些紛紜擾攘的人和物，好比看圖畫，好比看小說，件件都很有趣味。

這些有趣味的人和物之中自然也有一個分別。有些有趣味，是因爲它們帶有很濃厚的喜劇成分；有些有趣味，是因爲它們帶有很深刻的悲劇成分。

我有時看到人生的喜劇。前天遇見一個小外交官，他的上下巴都光光如也，和人說話時卻常常用大拇指和食指在腮旁拈一拈，像有鬍鬚似的。他們說這是官氣，我看到這種舉動比看詼諧畫還更有趣味。許多年前一位同事常常很氣憤地向人說：「如果我是一個女子，我至少已接得一尺厚的求婚書了！」偏偏他不是女子，這已經是喜劇；何況他又麻又醜，縱然他幸而爲女子，也絕不會有求婚書的痲煩，而他卻以此沾沾自喜，這總算得喜劇之喜劇了。這件事和英國文學家哥爾德斯密斯的一段逸事一樣有趣。他有一次陪幾個女子在荷蘭某一個橋上散步，看見橋上行人個個都注意他同行的女子，而沒有一個睬他自己，便板起面孔很氣憤地說：「哼，在別地方也有人這樣看我咧！」如此等類的事，我天天都見得著。在閒靜寂寞的時候，我把這一類的小小事件從記憶中召回來，尋思玩味，覺得比抽煙飲茶還更有味。老實說，假如這個世界中沒有曹雪芹所描寫的劉姥姥，沒有吳敬梓所描寫的嚴貢生，沒有莫里哀所描寫的達爾杜弗和阿爾巴貢，生命更不值得留戀了。我感謝劉姥姥、嚴貢生一流人物，更甚於我感謝錢塘的潮和匡盧的瀑。

其次，人生的悲劇尤其能使我驚心動魄。許多人因爲人生多悲劇而悲觀厭世，我卻以爲人生有價值正因其有悲劇。我在幾年前做的〈無言之美〉裡曾說明這個道理，現在引一段來：

> 我們所居的世界是最完美的，就因為它是最不完美的。這話表面看來，不通已極。但是實含有至理。假如世界是完美的，人類所過的生活——比好一

點，是神仙的生活，比壞一點，就是豬的生活——便呆板單調已極，因為倘若件件事都盡美盡善了，自然沒有希望發生，更沒有努力奮鬥的必要。人生最可樂的就是活動所生的感覺，就是奮鬥成功而得的快慰。世界既完美，我們如何能嘗創造成功的快慰？這個世界之所以美滿，就在有缺陷，就在有希望的機會，有想像的田地。換句話說，世界有缺陷，可能性才大。

這個道理李石岑先生在《一般》三卷三號所發表的〈缺陷論〉裡也說得很透闢。悲劇也就是人生一種缺陷。它好比洪濤巨浪，令人在平凡中見出莊嚴，在黑暗中見出光彩。假如荊柯眞正刺中秦始皇，林黛玉眞正嫁了賈寶玉，也不過鬧個平凡收場，哪得叫千載以後的人唏噓讚歎？以李太白那樣天才，偏要和江淹戲弄筆墨，做了一篇〈擬恨賦〉，和〈上韓荊州書〉一樣庸俗無味。毛聲山評《琵琶記》，說他有意要做「補天石」傳奇十種，把古今幾件悲劇都改個快活收場，他沒有實行，總算是一件幸事。人生本來要有悲劇才能算人生，你偏想把它一筆勾銷，不說你勾銷不去，就是勾銷去了，人生反更索然寡趣。所以我無論站在前臺或站在後臺時，對於失敗，對於罪孽，對於殃咎，都是一副冷眼看待，都是用一個熱心驚讚。

朋友，我感謝你費去寶貴的時光讀我的這十二封信，如果你不厭倦，將來我也許常常和你通信閒談，現在讓我暫時告別罷！

你的朋友　孟實

附錄

無言之美

孔子有一天突然很高興地對他的學生說：「予欲無言。」子貢就接著問他：「子如不言，則小子何述焉？」孔子說：「天何言哉？四時行焉，百物生焉。天何言哉？」

這段讚美無言的話，本來從教育方面著想。但是要明瞭無言的意蘊，宜從美術觀點去研究。

言所以達意，然而意決不是完全可以言達的。因爲言是固定的，有跡象的；意是瞬息萬變，飄渺無蹤的。言是散碎的，意是混整的。言是有限的，意是無限的。以言達意，好像用斷續的虛線畫實物，只能得其近似。

所謂文學，就是以言達意的一種美術。在文學作品中，語言之先的意象，和情緒意旨所附麗的語言，都要盡美盡善，才能引起美感。

盡美盡善的條件很多。但是第一要不違背美術的基本原理，要「和自然逼眞」（true to nature）：這句話講得通俗一點，就是說美術作品不能說謊。不說謊包含有兩種意義：一、我們所說的話，就恰似我們所想說的話。二、我們所想說的話，我們都吐肚子說出來了，毫無餘蘊。

意既不可以完全達之以言，「和自然逼眞」一個條件在文學上不是做不到麼？或者我們問得再直截一點，假使語言文字能夠完全傳達情意，假使筆之於書的和存之於心的銖兩悉稱，絲毫不爽，這是不是文學上所應希求的一件事了。

這個問題是瞭解文學及其他美術所必須回答的。現在我們姑且答道：文字語言固然不能全部傳達情緒意旨，假使能夠，也並非文學所應希求的。一切美術作品也都是這樣，儘量表現，非惟不能，而也不必。

先從事實下手研究。譬如有一個荒村或任何物體，攝影家把它照一幅相，美術家把它畫一幅畫。這種相片和圖畫可以從兩個觀點去比較：第一，相片或圖畫，哪一個較「和自然逼眞」？不消說得，在同一視域以內的東西，相片都可以包羅盡致，並且體積比例和實物都兩兩相稱，不會有絲毫錯誤。圖畫就不然；美術家對一種境遇，未表現之先，先加一番選擇。選擇定的材料還須經過一番理想化，把美術家的人格參加進去，然後表現出來。所表現的只是實物一部分，就連這一部分也不必和實物完全一致。所以圖畫絕不能如相片一樣「和自然逼眞」。第二，我們再問，相片和圖畫所引起的美感哪一個濃厚，所發生的印象哪一個深刻，這也不消說，稍有美術口胃的人都覺得圖畫比相片美得多。

文學作品也是同樣。譬如《論語》，「子在川上曰：『逝者如斯夫，不舍晝夜！』」幾句話絕沒完全描寫出孔子說這番話時候的心境，而「如斯夫」三字更籠統，沒有把當時的流水形容盡致。如果說詳細一點，孔子也許這樣說：「河水滾滾地流去，日夜都是這樣，沒有一刻停止。世界上一切事物不都像這流水時常變化不盡麼？過去的事物不就永遠過去絕不回頭麼？我看見這流水心中好不慘傷呀！……」但是縱使這樣說去，還沒有盡意。而比較起來，「逝者如斯夫，不舍晝夜！」九個字比這段長而臭的演義就值得玩味多了！在上等文學作品中——尤其在詩詞中——這種言不盡意的例子處處都可以看見。譬如陶淵明的〈時運〉，「有風自南，翼彼新苗」；〈讀《山海經》〉，「微雨從東來，好風與之俱」；本來沒有表現出詩人的情緒，然而玩味起來，自覺有一種閒情逸致，令人心曠神怡。錢起的〈省試湘靈鼓瑟〉末二句，「曲終人不見，江上數峰青」，也沒有說出詩人的心緒，然而一種淒涼惜別的神情自然流露於言語之外。此外像陳子昂的〈幽州臺懷古〉，「前不見古人，後不見來者，念天地之幽幽，獨愴然而涕下！」李白的〈怨情〉，「美人捲珠簾，深坐蹙蛾眉。但見淚痕溼，不知心恨誰。」雖然說明了詩人的情感，而所說出來的多麼簡單，所含蓄的多麼深遠？再就寫景說，無論何種境遇，要描寫得惟妙惟肖，都要費許多筆墨。但是大手筆只選擇兩三件事輕描淡寫一下，完全境遇便呈露眼前，栩栩如生。譬如陶淵明的〈歸園田居〉：「方宅十餘畝，草屋八九間。榆柳陰後簷，桃李羅堂前。曖曖遠人村，依依墟里煙。狗吠深巷中，雞鳴桑樹巔。」四十字把鄉村風景描寫多麼眞切！再如杜工部的〈後出塞〉，「落日照大地，馬鳴風蕭蕭。平沙列萬幕，部伍各見招。中天懸明月，令嚴夜寂寥。悲笳數聲動，壯士慘不驕。」寥寥幾句話，把月夜沙場狀況寫得多麼有聲有色，然而仔細觀察起來，鄉村景物還有多少爲陶淵明所未提及？戰地情況還有多少爲杜工部所未提及？從此可知文學上我們並不以儘量表現爲難能可貴。

在音樂裡面，我們也有這種感想，凡是唱歌奏樂，音調由洪壯急促而變到低微以至於無聲的時候，我們精神上就有一種沉默肅穆和平愉快的景象。白香山在〈琵琶行〉裡形容琵琶聲音暫時停頓的情況說，「冰泉冷澀弦凝絕，凝絕不通聲暫歇。別有幽愁暗恨生，此時無聲勝有聲。」這就是形容音樂上無言之美的滋味。著名英國詩人濟慈（Keats）在〈希臘花瓶歌〉也說，「聽得見的聲調固然幽美，聽不見的聲調尤其幽美」（Heard melodies are sweet: but those unheard sweeter），也是說同樣道理。大概喜歡音樂的人都嚐過此中滋味。

就戲劇說，無言之美更容易看出。許多作品往往在熱鬧場中動作快到極重要的一點時，忽然萬籟俱寂，現出一種沉默神秘的景象。梅特林克（Maeterlinck）的作品就是好例。譬如《青鳥》的佈景，擇夜闌人靜的時候，使重要角色睡得很長久，就是利用無言之美的道理。梅氏並且說：「口開則靈魂之門閉，口閉則靈魂之門開。」讚無言之美的話不能比此更透闢了。莎士比亞的名著《哈姆雷特》一劇開幕便描寫更夫守夜的狀況，德林瓦特（Drinkwater）在其《林肯》中描寫林肯在南北戰爭軍事傍午的時候跪著默禱，王爾德（O. Wilde）的《溫德梅爾夫人的扇子》裡面描寫溫德梅爾夫人私奔在她的情人寓所等候的狀況，都在興酣局緊，心懸懸渴望結局時，放出沉默神秘的色彩，都足以證明無言之美的。近代又有一種默劇和靜的佈景，或只有動作而無言語，或連動作也沒有，就將靠無言之美引人入勝了。

雕刻塑像本來是無言的，也可以拿來說明無言之美。所謂無言，不一定指不說話，是注重在含蓄不露。雕刻以靜體傳神，有些是流露的，有些是含蓄的。這種分別在眼睛上尤其容易看見。中國有一句諺語說，「金剛怒目，不如菩薩低眉」，所謂怒目，便是流露；所謂低眉，便是含蓄。凡看低頭閉目的神像，所生的印象往往特別深刻。最有趣的就是西洋愛神的雕刻，她們男女都是瞎了眼睛。這固然根據希臘的神話，然而實在含有美術的道理，因爲愛情通常都在眉目間流露，而流露愛情的眉目是最難比擬的。所以索性雕成盲目，可以耐人尋思。當初雕刻家原不必有意爲此，但這些也許是人類不用意識而自然碰的巧。

要說明雕刻上流露和含蓄的分別，希臘著名雕刻「拉奧孔」（*Laocoon*）是最好的例子。相傳拉奧孔犯了大罪，天神用了一種極慘酷的刑法來懲罰他，遣了一條惡蛇把他和他的兩個兒子在一塊絞死了。在這種極刑之下，未死之前當然有一種悲傷慘戚目不忍睹的一頃刻，而希臘雕刻家並不擒住這一頃刻來表現，他只把將達苦痛極點前一頃刻的神情雕刻出來，所以他所表現的悲哀是含蓄不露的。倘若是流露的，一定帶了掙扎呼號的樣子。這個雕刻，一眼看去，只覺得他們父子三人都有一種難言之恫；仔細看去，便可發現條條筋肉根根毛孔都暗示一種極苦痛的神情。德國萊辛（Lessing）的名著《拉奧孔》就根據這個雕刻，討論美術上含蓄的道理。

以上是從各種藝術中信手拈來的幾個實例。把這些個別的實例歸納在一起，我們可以得一個公例，就是：拿美術來表現思想和情感，與其儘量流露，不如稍有含蓄；與其吐肚子把一切都說出來，不如留一大部分讓欣賞者自己去領會。因為在欣賞者的頭腦裡所生的印象和美感，有含蓄比較儘量流露的還要更加深刻。換句話說，說出來的越少，留著不說的越多，所引起的美感就越大越深越眞切。

這個公例不過是許多事實的總結束。現在我們要進一步求出解釋這個公例的理由。我們要問何以說得越少，引起的美感反而越深刻？何以無言之美有如許勢力？

想答覆這個問題，先要明白美術的使命。人類何以有美術的要求？這個問題本非一言可盡。現在我們姑且說，美術是幫助我們超現實而求安慰於理想境界的。人類的意志可向兩方面發展：一是現實界，一是理想界。不過現實界有時受我們的意志支配，有時不受我們的意志支配。譬如我們想造一所房屋，這是一種意志。要達到這個意志，必費許多力氣去征服現實，要開荒闢地，要造磚瓦，要架樑柱，要賺錢去請泥水匠。這些事都是人力可以辦到的，都是可以用意志支配的。但是現實界凡物皆向地心下墜一條定律，就不可以用意志征服。所以意志在現實界活動，處處遇障礙，處處受限制，不能圓滿地達到目的，實際上我們的意志十之八九都要受現實限制，不能自由發展。譬如誰不想有美滿的家庭？誰不想住在極樂園？然而在現實界絕沒有所謂極樂美滿的東西存在。因此我們的意志就不能不和現實發生衝突。

一般人遇到意志和現實發生衝突的時候，大半讓現實征服了意志，走到悲觀煩悶的路上去，以為件件事都不如人意，人生還有什麼意味？所以墮落、自殺、逃空門種種的消極的解決法就乘虛而入了，不過這種消極的人生觀不是解決意志和現實衝突最好的方法。因為我們人類生來不是懦弱者，而這種消極的人生觀甘心讓現實把意志征服了，是一種極懦弱的表示。

然則此外還有較好的解決法麼？有的，就是我所謂超現實。我們處世有兩種態度，人力所能做到的時候，我們竭力征服現實。人力莫可奈何的時候，我們就要暫時超脫現實，儲蓄精力待將來再向他方面征服現實。超脫到哪裡去呢？超脫到理想界去。現實界處處有障礙有限制，理想界是天空任鳥飛，極空闊極自由的。現實界不可以造空中樓閣，理想界是可以造空中樓閣的。現實界沒有盡美盡善，理想界是有盡美盡善的。

姑取實例來說明。我們走到小城市裡去，看見街道窄狹汙濁，處處都是陰溝廁所，當然感覺不快，而意志立時就要表示態度。如果意志要征服這種現實哩，我們就要把這種街道房屋一律拆毀，另造寬大的馬路和清潔的房屋。但是談何容易？物質上發生種種障礙，這一層就不一定可以做到。意志在此時如何對付呢？他說：我要超脫現實，去在理想界造成理想的街道房屋來，把它表現在圖畫上，表現在雕刻上，表現在詩文上。於是結果有所謂美術作品。美術家成了一件作品，自己覺得有創造的大力，當然快樂已極。旁人看見這種作品，覺得它眞美麗，於是也愉快起來了，這就是所謂美感。

因此美術家的生活就是超現實的生活；美術作品就是說明我們超脫現實到理想界去求安慰的。換句話說，我們有美術的要求，就因爲現實界待遇我們太刻薄，不肯讓我們的意志推行無礙，於是我們的意志就跑到理想界去求慰情的路徑。美術作品之所以美，就美在它能夠給我們很好的理想境界。所以我們可以說，美術作品的價值高低就看它超現實的程度大小，就看它所創造的理想世界是闊大還是窄狹。

但是美術又不是完全可以和現實界絕緣的。它所用的工具——例如雕刻用的石頭，圖畫用的顏色，詩文用的語言——都是在現實界取來的。它所用的材料——例如人物情狀悲歡離合——也是現實界的產物。所以美術可以說是以毒攻毒，利用現實的幫助以超脫現實的苦惱。上面我們說過，美術作品的價值高低要看它超脫現實的程度如何。這句話應稍加改正，我們應該說，美術作品的價值高低，就看它能否借極少量的現實界的幫助，創造極大量的理想世界出來。

在實際上說，美術作品借現實界的說明愈少，所創造的理想世界也因而愈大。再拿相片和圖畫來說明。何以相片所引起的美感不如圖畫呢？因爲相片上一形一影，件件都是眞實的，而且應有盡有，發洩無遺。我們看相片，種種形影好像釘子把我們的想像力都釘死了。看到相片，好像看到二五，就只能想到一十，不能想到其他數目。換句話說，相片把事物看得忒眞，沒有給我們以想像餘地。所以相片只能抄寫現實界，不能創造理想界。圖畫就不然。圖畫家用美術眼光，加一番選擇的功夫，在一個完全境遇中選擇了一小部事物，把它們又經過一番理想化，然後才表現出來。惟其留著一大部分不表現，欣賞者的想像力才有用武之地。想像作用的結果就是一個理想世界。所以圖畫所表現的現實世界雖極小而創造的理想世界則極大。孔子談教育說，「舉一隅不以三隅反，則不復也。」相片是把四隅通舉出來了，不要你勞力去「復」。圖畫就只舉一隅，叫欣賞者加一番想像，然後「以三隅反」。

流行語中有一句說：「言有盡而意無窮」。無窮之意達之以有盡之言，所以有許多意，盡在不言中。文學之所以美，不僅在有盡之言，而尤在無窮之意。推廣地說，美術作品之所以美，不是只美在已表現的一部分，尤其是美在未表現而含蓄無窮的一大部分，這就是本文所謂無言之美。

因此美術要「和自然逼眞」一個信條應該這樣解釋：「和自然逼眞」是要

窺出自然的精髓所在，而表現出來；不是說要把自然當作一篇印版文字，很機械地抄寫下來。

這裡有一個問題會發生。假使我們欣賞美術作品，要注重在未表現而含蓄著的一部分，要超「言」而求「言外意」，各個人有各個人的見解，所得的言外意不是難免殊異麼？當然，美術作品之所以美，就美在有彈性，能拉得長，能縮得短。有彈性所以不呆板。同一美術作品，你去玩味有你的趣味，我去玩味有我的趣味。譬如莎氏樂府所以在藝術上占極高位置，就因爲各種階級的人在不同的環境中都歡喜讀他。有彈性所以不陳腐。同一美術作品，今天玩味有今天的趣味，明天玩味有明天的趣味。凡是經不得時代淘汰的作品都不是上乘。上乘文學作品，百讀都令人不厭的。

就文學說，詩詞比散文的彈性大；換句話說，詩詞比散文所含的無言之美更豐富。散文是儘量流露的，愈發揮盡致，愈見其妙。詩詞是要含蓄暗示，若即若離，才能引人人勝。現在一般研究文學的人都偏重散文——尤其是小說。對於詩詞很疏忽。這件事實可以證明一般人文學欣賞力很薄弱。現在如果要提高文學，必先提高文學欣賞力，要提高文學欣賞力，必先在詩詞方面特下功夫，把鑒賞無言之美的能力養得很敏捷。因此我很希望文學創作者在詩詞方面多努力，而學校國文課程中詩歌應該占一個重要的位置。

本文論無言之美，只就美術一方面著眼。其實這個道理在倫理哲學、教育、宗教及實際生活各方面，都不難發現。老子《道德經》開卷便說：「道可道，非常道；名可名，非常名。」這就是說倫理哲學中有無言之美。儒家談教育，大半主張潛移默化，所以拿時雨春風做比喻。佛教及其他宗教之能深人人心，也是借沉默神秘的勢力。幼稚園創造者蒙特梭利利用無言之美的辦法尤其有趣。在她的幼稚園裡，教師每天趁兒童頑得很熱鬧的時候，猛然地在粉板上寫一個「靜」字，或奏一聲琴。全體兒童於是都跑到自己的座位去，閉著眼睛蒙著頭，伏案做假睡的姿勢，但是他們不可睡著。幾分鐘後，教師又用很輕微的聲音，從頗遠的地方呼喚各個兒童的名字。聽見名字的就要立刻醒起來。這就是使兒童可以在沉默中領略無言之美。

就實際生活方面說，世間最深切的莫如男女愛情。愛情擺在肚子裡面比擺在口頭上來得懇切。「齊心同所願，含意俱未伸」和「更無言語空相覷」，比較「細語溫存」、「憐我憐卿」的滋味還要更加甜蜜。英國詩人布萊克

（Blake）有一首詩叫做〈愛情之秘〉（*Love's Secret*）裡面說：

㈠切莫告訴你的愛情，
愛情是永遠不可以告訴的，
因為她像微風一樣，
不做聲不做氣的吹著。
㈡我曾經把我的愛情告訴而又告訴，
我把一切都披肝瀝膽地告訴愛人了，
打著寒顫，聳頭髮地告訴，
然而她終於離我去了！
㈢她離我去了，
不多時一個過客來了。
不做聲不做氣地，只微歎一聲，
便把她帶去了。

這首短詩描寫愛情上無言之美的勢力，可謂透闢已極了。本來愛情完全是一種心靈的感應，其深刻處是老子所謂不可道不可名的。所以許多詩人以爲「愛情」兩個字本身就太濫太尋常太乏味，不能拿來寫照男女間神聖深摯的情緒。

其實何只愛情？世間有許多奧妙，人心有許多靈悟，都非言語可以傳達，一經言語道破，反如甘蔗渣滓，索然無味。這個道理還可以推到宇宙人生諸問題方面去。我們所居的世界是最完美的，就因爲它是最不完美的。這話表面看去，不通已極。但是實在含有至理。假如世界是完美的，人類所過的生活——比好一點，是神仙的生活，比壞一點，就是豬的生活——便呆板單調已極，因爲倘若件件都盡美盡善了，自然沒有希望發生，更沒有努力奮鬥的必要。人生最可樂的就是活動所生的感覺，就是奮鬥成功而得的快慰。世界既完美，我們如何能嘗創造成功的快慰？這個世界之所以美滿，就在有缺陷，就在有希望的機會，有想像的田地。換句話說，世界有缺陷，可能性（potentiality）才大。這種可能而未能的狀況就是無言之美。世間有許多奧妙，要留著不說出；世間有許多理想，也應該留著不實現。因爲實現以後，跟著「我知道了！」的快慰便是「原來不過如是！」的失望。

天上的雲霞有多麼美麗！風濤蟲鳥的聲息有多麼和諧！用顏色來摹繪，用金石絲竹來比擬，任何美術家也是作踐天籟，糟蹋自然！無言之美何限？讓我這種拙手來寫照，已是糟粕枯骸！這種罪過我要完全承認的。倘若有人罵我胡言亂道，我也只好引陶淵明的詩回答他說：「此中有眞味，欲辯已忘言！」

一九二四年仲冬脫稿於上虞白馬湖畔

悼夏孟剛

此稿曾載立達學園校刊，因為可以代表我對於自殺的意見，所以特載於此。

一九二八年二月
孟實　注

今晨接得慕陶和澄弟的信，但道夏孟剛已於四月十二日服氰化鉀自殺了。近來常有人世淒涼之感，聽了孟剛的噩耗，煩憂隱慟，益覺不能自禁。

我在吳淞中國公學時，孟剛在我所教的學生中品學最好，而我屬望於他也最殷，他平時沉靜寡言語，但偶有議論，語語都來自衷曲，而見解也非一般青年所能及。那時他很喜歡讀托爾斯泰，他的思想，帶有很深的托氏人生觀的印痕。我有一個時期，也受過托爾斯泰的薰沐。我自慚根性淺薄，有些地方不能如孟剛之徹底深人；可是我們的心靈究竟有許多類似，所以一接觸後，能交感共鳴。

中國公學阻於兵爭以後，孟剛入浦東中學，我轉徙蘇浙，彼此還數相見。在這個時候，他介紹我認識了他的哥哥。他的父親曾經在我的母校桐城中學當過教師。因此我們情感上更加一層溫慰。江灣立達學園成立後，孟剛遂舍浦東來學江灣。我因亟於去國，正想尋機會同他作一次深談，他突然間得了父病的消息，就匆匆別我返松江葉榭去了。

今年一月中，他來一封信，裡面有這一段話：

> 您啓程赴英的時候，我在家中不能聽到「我去了」三字，至以為憾。我近來覺人生太無意味；我覺得世界上很少真正的同情者——除去母性的外，也許絕無——我覺得我是不可再活在世上和人類接觸了；而尤其使我悲傷的就是我本來可以向他發發牢騷的哥哥已於暑假中死於北京，繼而我的父親也病沒了。也許我過去的生活太偏於情感——或太偏於理智。或者我的天性如此。我知道我請您教我，是無效果的，但是我又覺著不可不領領您的教。

我讀過這封信爲之悒然許久。我很疑慮我所屬望最殷的孟剛或者於悲慟父兄之喪外，又不幸別觸塵網。青年人一大半都免不掉煩悶時期，但是我相信孟剛終當自能解脫。寄了一部歌德的《麥斯特遊學記》給他讀，希望他在這本書中能發現他所未曾見到的人生又一面。孟剛具有很強烈的感受偉大心靈之暗示的能力，我很希望他能私淑歌德拋開輕生的念頭，替人類多造些光；哪裡知道孟剛在寫信給我的時候，就有自殺的決心，而那封信竟成絕筆！

孟剛自殺的近因，我不甚明瞭。但是就他的性格和遭際說，這次舉動也不難解釋。他不屬於任何宗教，而宗教的情感則甚強烈。他對於世人的罪惡，感覺過於銳敏。托爾斯泰的影響本應該可以使他明瞭赦宥的美；可是他的性情耿介孤潔，不屑與世浮沉，只能得托氏之深的方面，未能得托氏之廣的方面，其結果乃走於極端而生反動。孟剛固深於情者，慈愛的父兄既先後棄世，而友朋中能瞭解他心的深處者又甚寥寥。於此寥闊冷清的世界中，孟剛乃不幸又受命運之神最後的揶揄，而絕望於理想的愛。這些情境相湊合，孟剛遂翻然拋開垂暮的慈母而自殺了。

我不願像柏拉圖、叔本華一般人以倫理眼光抨擊自殺。生的自由倘若受環境剝奪了，死的自由誰也不能否認的。人們在罪惡苦痛裡過活，有許多只是苟且偷生，靦然不知恥。自殺是偉大意志之消極的表現。假如世界沒有中國的屈原、希臘的塞諾（Zeno）、羅馬的塞內加（Seneca）一類人的精神，其卑汙頑劣，恐更不堪言狀了。

人生是最繁複而詭秘的，悲字樂字都不足以概其全。愚者拙者混混沌沌地過去，反倒覺庸庸多厚福。具有湛思慧解的人總不免苦多樂少。悲觀之極，總不出乎絕世絕我兩路。自殺是絕世而兼絕我。但是自殺以外，絕非別無他路可走，最普通的是絕世而不絕我，這條路有兩分支。一種人明知人世悲患多端而生命終歸於盡，乃力圖生前歡樂，以詼諧的眼光看遊戲似的世事，這是以玩世爲絕世的。此外也有些人既失望於人世歡樂之無常，而生老病死，頭頭是苦，於是遁入空門，爲未來修行，這是以逃世爲絕世的。蘇曼殊的行跡大半還在一般人的記憶中。他是想逃世而終於只做到玩世的。玩世者與逃世者都只能絕世而不能絕我。不能絕世，便不能無賴於人。牽絆既未斷盡，而人世憂患乃有時終不能不隨之俱來。所以玩世與逃世，就人說，爲不道德；就己說，爲不徹底。衡量起來，還是自殺爲直截了當。

自殺比較絕世而不絕我，固爲徹底，然而較之絕我而不絕世，則又微有欠缺。什麼叫做「絕我而不絕世？」就是流行語中所謂「捨己爲群」，不過這四字用濫了，因而埋沒了眞義。所謂「絕我」，其精神類自殺，把涉及我的一切憂苦歡樂的觀念一刀斬斷。所謂「不絕世」，其目的在改造，在革命，在把現在的世界換過面孔，使罪惡苦痛，無自而生。這世界是汙濁極了，苦痛我也夠受了。我自己姑且不算吧，但是我自己墮入苦海了。我絕不忍眼睜睜地看別人也跟我下水。我決計要努力把這個環境弄得完美些，使後我而來的人們免得再嚐受我現在所嚐受的苦痛，我自己不幸而爲奴隸，我所以不惜粉身碎骨，努力打破這個奴隸制度，爲他人爭自由，這就是絕我而不絕世的態度。持這個態度最顯明的要算釋迦牟尼，他一身都是「以出世的精神，做入世的事業」。佛教到了末流，只能絕世而不能絕我，與釋迦所走的路恰相背馳，這是釋迦始料不及的。古今許多哲人、宗教家、革命家如墨子，如耶穌，如甘地，都是從絕我出發到淑世的路上的。

假如孟剛也努力「以出世的精神，做入世的事業」，他應該能打破幾重使他苦痛而將來又要使他人苦痛的孽障。

但是，孟剛死了，幽明永隔，這番話又向誰告訴呢！

一九二六年五月十八日夜半於愛丁堡

朱光潛給朱光潸——爲《給青年的十三封信》

光潸先生：

今天接到上海的朋友寄來一部書，打開來一看，使我吃了一驚。封面上題的是「致青年」，「朱光潸著」。旁邊又附注「給青年的十三封信」字樣。我第一眼把大名中的「潸」字看成「潛」字。我不知道是因爲幻覺還是因爲虛榮，不假思索地就把你的大著誤認爲我自己的了，這得請你原諒。第一，「朱光潸」和「朱光潛」在字面上實在太相像了。第二，叫做「朱光潛」的我也曾寫過一部小冊子叫做《給青年的十二封信》，而且我的《談美》也被書店在封面上附注過「給青年的第十三封信」字樣。第三，你的大著和我的拙作的封面圖案也大致相同，也是在一些直線中間嵌了一些星星。你想，這也難怪我錯認，而且錯認的也不只我一個人。寄大著給我看的那位朋友原先也把你看作我。他在信上說，「在書攤上來回翻這書，越看越不像你寫的，所以買了來給你看」，下面他還說了一句失敬的話，我不援引罷。你看，他在書攤上「來回」翻這書，「越看」才發覺「越不像我寫的」。他是知道我的人，不知道我的人們不容易發覺你的大著不是我寫的，恐怕更可原諒吧？

光濳先生，我不認識你，但是你的面貌、言動、姿態、性格等等，爲了以上所說的一點偶然的因緣，引動了我的很大的好奇心。我心裡現在想像揣摩你像什麼樣的一個人。許多事都是不戳穿的好，所以我希望你在我心裡永遠保存這一點含有問題的神秘性。但是我也想把心裡想說的話說給你聽。不認識你而寫信給你，似乎有些唐突。請你記得我是你的一個讀者。如果這個資格不夠。那只得怪你姓朱名光濳，而又寫《給青年的十三封信》了！

頭一層，我應該向你懺悔。我在寫《給青年的十二封信》時，自己還是一個青年。那時候我的朋友夏丏尊先生辦了一個給中學生看的刊物，叫做《一般》，要我寫一點稿子，我就把隨時感觸到的隨時寫成書信寄給他，裡面固然有些是以中學生爲對象而寫的，但是大部分是私人切身的感想。我從頭到尾都是看著自己的心去寫，絕對沒有「教訓」人的念頭，更談不上想到借這些處女作去出鋒頭或是賺稿費。我根本不相信任何人可以自居「先進者」的地位去

「教導」青年，而且能夠把青年「教導」得好。就我自己的經驗說，我在青年時代最得益的並不是師長的義正辭嚴的教訓，而是像我一般的年輕的朋友們對於他們自己的內心衝突、掙扎、懷疑、信仰所下的忠實的剖白。這種剖白引起我的同情、印證、感動和回思。我不斷地受這種心靈的激動，也就不斷地獲到心靈的發展。從此我深深地感覺到盧梭在《愛彌兒》裡說的導師和生徒的年齡應相彷彿的話，含有極大的智慧。自己是青年，才能夠眞正地和青年做朋友，才能彼此都覺得是一夥子的人，不論是甜的苦的，大家都可以互相契合，互相同情，這樣才能彼此互相觀摩激發。我現在看到自己從前寫的《給青年的十二封信》，心裡實在慚愧。我想每個成年人回想到他在童年時代的稚氣和愚笨，都不免有些慚愧。但是我的那部小冊子也正因爲那一點坦坦白白地流露出來的稚氣和愚笨，博得一般青年的愛好。我本來是他們中間的一個人，我的憂愁、我的喜悅也都是他們的憂愁和他們的喜悅，我「吐肚子」向他們談心事，他們覺得和我同情同感。這對於他們有益還是有害，我和他們都不十分較量到。我對於青年的關係原來不過如此。後來那部小冊子流行很廣，我便以《給青年的十二封信》的作者的資格，被好些本不相識的人們認識了。到現在和新朋友們見面，還常被人用這個頭銜來介紹我。他們甚至於用什麼「教導青年」的字樣來誇獎我。我有時爲這件事不但覺得羞愧，也很覺得憤慨。我本來厭惡「教導青年」的話頭，現在居然被人以「教導青年」的字樣安在我的頭上，這就是坦白地流露稚氣和愚笨的報酬或懲罰麼？

光濳先生，你不防這前車之鑒，別的不說，你就不怕「蹈覆轍」的危險麼？你的大著，我因爲時間匆忙，並沒有從頭到尾的細讀，只約略地這裡翻一點那裡翻一點看了一看。我也稍微有一點感想。第一層，我欽佩你的坦白。你自稱「少年文人」，「先進者」，「對於文學的嗜欲最少已有十年的歷史」，「嚐遍了多少苦痛，碰著了多少釘子」，你援引「政治部、軍隊裡的革命青年，大半是愛好文學的」一件事例做斷定「說什麼獻身於文學的人都是柔弱而無可爲的人，尤其是荒謬極點」的「鐵證」，你承認——這裡我抄你一段話，以免斷章取義之嫌。

> 我覲得現在一般青年的確有些「發表狂」！……大多的青年只怪為什麼登起來的文章總是那幾個名人做的，自己的為什麼不給登載出，他沒有計及人家

的作品怎樣的，自己的作品又是怎樣，這是現代一般愛好文學的青年的病態的心理，我深深地感到自己常有這種病態心理。還可武斷地說你也未始沒有這種心理的。這種心理的終點，養成功想「出風頭」，「要稿費」，沒有心思和勇氣去探討文學了，這是何等的危險啊！

我覺得你這番話都是對的。其次，我欽佩你的自信。你勸人說，「當我們自己的作品還未達十分健全之前，還是以不發表的爲妙」。現在你發表的當然是「十分健全」了。你「認爲自己只受了不大高深的教育，尚能寫一二篇不十分不通的文章，根柢還是基於幾個重要的轉變的讀書過程」。先生，你寫這幾句話的時候，曾經較量一番沒有？你給青年的教訓有許多很有趣味，最難得的是走到難關，你輕輕地就溜過去了。姑舉三例如下：

青年的戀愛是需要的，但倘使是太「迫切」了，太「急」了，便要生出煩悶來，這便是自討苦吃了。

讀書要有興趣。讀書時以為這是強迫做的工作，那就糟了。興趣是第一要事，如讀最索然無味的數學哲學等等，亦要當它是有趣之事。

要想作文的人，突然文興勃發，極要寫出一點東西，但一提著筆，卻又半個字都寫不出，只得悶悶地坐下。……大膽的說一句，每個青年作家，當開始要作文的時候，總要嚐到這種苦悶，於是作文的方法，便應了需要而風起雲湧的起來了。

如此等類的口吻在大著中每篇都可以看見。你在給「芬」的信裡劈頭一句是：

第一封信剛剛發出，第二封信又接踵的來了。因為我知道你接到第一封信時，一定會感覺到我的說話不錯。

收尾一句是：

簾外雨潺潺，春意闌珊，我很想你呢！芬。

我看到這些地方時，第一個衝動是想說一句「挖苦話」，但是我缺乏「幽默風趣」，這一點衝動立刻就被一陣「世道人心之憂」壓倒了。先生在第一封〈致少年文人〉的信裡說：

如果欲以「文學」為燦爛的頭銜，或要以「文學」去換飯吃，便成了嚴重的病態。

這種「嚴重的病態」，先生也許不得不承認，在現在中國文壇似乎已經很流行了。怎麼辦呢？我本也想對於這種「嚴重的病態」發一點議論，繼而想起這事也非「口舌之爭」所可了事，所以把筆放下，雖然心裡還有些悵惘，不能把這事輕輕地放下。

幾乎和你同姓名的朋友　朱光濳

四月三日，北平

（載一九三六年四月十六日《申報》）

作者自傳

我筆名孟實，一八九七年九月十九日出生於安徽桐城鄉下一個破落的地主家庭。父親是個鄉村私塾教師。我從六歲到十四歲，在父親鞭撻之下受了封建私塾教育，讀過而且大半背誦過四書五經、《古文觀止》和《唐詩三百首》，看過《史記》和《通鑒輯覽》，偷看過《西廂記》和《水滸》之類舊小說，學過寫科舉時代的策論時文。到十五歲才入「洋學堂」（高小），當時已能寫出大致通順的文章。在小學只待半年，就升入桐城中學。這是桐城派古文家吳汝綸創辦的，所以特重桐城派古文，主要課本是姚惜抱的《古文辭類纂》，按教師的傳授，讀時一定要朗誦和背誦，據說這樣才能抓住文章的氣勢和神韻，便於自己學習作文。我從此就放棄時文，轉而摸索古文。我得益最多的國文教師是潘季野，他是一個宋詩派的詩人，在他的薰陶之下，我對中國舊詩養成了濃厚的興趣。一九一六年中學畢業，在家鄉當了半年小學教員。本想考北京大學，慕的是它的「國故」，但家貧拿不起路費和學費，只好就近考進了不收費的武昌高等師範學校中文系。我很失望，教師還不如桐城中學的。除了圈點一部段玉裁的《說文解字注》，略窺中國文字學門徑之外，一無所獲。讀了一年之後，就碰上北洋軍閥的教育部從全國幾所高等師範學校裡考選一批學生到香港大學去學教育。我考取了。從一九一八年到一九二二年，我就在這所英國人辦的大學裡學了一點教育學，但主要地還是學了英國語言和文學，以及生物學和心理學這兩門自然科學的一點常識。這就奠定了我這一生教育活動和學術活動的方向。

我到香港大學後不久，就發生了五四運動，洋學堂和五四運動當然漠不相干。不過我在私塾裡就酷愛梁啓超的《飲冰室文集》，頗有認識新鮮事物的熱望。在香港還接觸到《新青年》。我看到胡適提倡白話文的文章，心裡發生過很大的動盪。我始而反對，因爲自己也在「桐城謬種」之列，可是不久也就轉過彎來了，毅然決然地放棄了古文和文言，自己也學著寫起白話來了。我在美學方面的第一篇處女作〈無言之美〉就是用白話文寫的。寫白話文時，我發現文言的修養也還有些用處，就連桐城派古文所要求的純正簡潔也還無可厚非。

香港畢業後，通過同班友好高覺敷的介紹，我結識了吳淞中國公學校長張東蓀。應他的邀約，我於一九二二年夏，到吳淞中國公學中學部教英文，兼校刊《旬刊》的主編。當我的編輯助手的學生是當時還以進步面貌出現的姚夢生，即後來的姚蓬子。在吳淞時代我開始嚐到複雜的階級鬥爭的滋味。我聽過李大釗和揮代英兩先烈的講話。由於我受到長期的封建教育和英帝國主義教育，同左派鄭振鐸和楊賢江，以及右派中國青年黨陳啓天、李璜等人都有些往來，我雖是心向進步青年卻不熱心於黨派鬥爭，以爲不問政治，就高人一等。江浙戰爭中吳淞中國公學被打垮了，我就由上海文藝界朋友夏丏尊介紹，到浙江上虞白馬湖春暉中學教英文，在短短的幾個月之中我結識了後來對我影響頗深的匡互生、朱自清和豐子愷幾位好友。匡互生當時和無政府主義者有些往來，還和毛澤東同志同過學，因不滿意春暉中學校長的專制作風，建議改革而沒有被採納，就憤而辭去教務主任職，掀起一場風潮。我同情他，跟他一起採取斷然態度，離開春暉中學跑到上海去另謀生路。我和他到了上海之後，夏丏尊、章錫深、豐子愷、周爲群等，也陸續離開春暉中學趕到上海。上海方面又陸續加上葉聖陶、胡愈之、周予同、陳之佛、劉大白、夏衍幾位朋友。我們成立了一個立達學會，在江灣籌辦了一所立達學園。開辦的宗旨是在匡互生的授意之下由我草擬後正式公布的。這個宣言提出了教育獨立自由的口號，矛頭直接針對著北洋軍閥的專制教育。與立達學園緊密聯繫在一起的還有由我們籌辦的開明書店和一種刊物（先叫《一般》，後改名《中學生》）。「開明」是「啓蒙」的意思，爭取的對象是以中學生爲主的青年一代。這家書店就是解放後由葉聖陶在北京主持的青年書店，即中國青年出版社的前身。我把上海的這段經歷說詳細一點，因爲這是我一生的一個主要轉捩點和後來一些活動的起點。我的大部分著述都是爲青年寫的，而且是由開明書店出版的。

立達學園辦起來之後，我就考取安徽官費留英。一九二五年夏，我取道蘇聯赴英，正値蘇聯執行新經濟政策時代，在火車上和蘇聯人攀談過，在莫斯科住過豪華的歐羅巴飯店，也在煙霧瀰漫、骯髒嘈雜的小酒店裡喝過伏特加，啃過黑麵包，留下了一些既興奮而又不很愉快的印象。到了英國，我就進了由香港大學的蘇格蘭教師沈順教授所介紹的愛丁堡大學。我選修的課程有英國文學、哲學、心理學、歐洲古代史和藝術史。令我至今懷念的導師有英國文學方面的谷里爾生教授，他是蕩恩派「哲理詩」的宣揚者，對英國艾略特「近代詩派」和對理查茲派文學批評都起過顯著的影響。哲學導師是侃普・斯密斯教授，研究康德哲學的權威，而教給我的卻是懷疑派休謨的《自然宗教的對話》。列寧在《唯物主義和經驗批判主義》裡還讚許過他。美術史導師布朗老教授用幻燈來就具體藝術傑作說明藝術發展史，課程結束那一天早晨照例請全班學生們吃一餐早點。一九二九年在愛丁堡畢業後，我就轉入倫敦大學的大學學院，聽淺保斯教授講莎士比亞，對他的繁瑣考證和所謂「版本批評」我感到厭煩，於是把大部分功夫花在大英博物館的閱覽室裡。倫敦和巴黎只隔一個海峽，所以我同時在巴黎大學註冊，偶爾過海去聽課，聽到該校文學院長德拉庫瓦教授講《藝術心理學》，甚感興趣，他的啓發使我起念寫《文藝心理學》。前此在愛丁堡大學時我在心理學研究班裡宣讀過一篇〈悲劇的喜感〉論文，頗受心理學導師竺來佛博士的嘉許，勸我以此爲基礎去進行較深入的研究，於是我起念要寫一部《悲劇心理學》，作爲博士論文。後來就離開了英國，轉到萊茵河畔斯特拉斯堡大學。一則因爲那是德國大詩人歌德的母校，地方比較僻靜，生活較便宜；二則那地方法語和德語通用，可趁機學習對我的專科極爲重要的德語。我的論文《悲劇心理學》是在該校心理學教授夏爾・布朗達爾指導之下寫成和通過的。

在英法留學八年之中，聽課、預備考試只是我的一小部分的工作，大部分的時間都花在大英博物館和學校的圖書館裡，一邊閱讀，一邊寫作。原因是我一直在鬧窮，官費經常不發，不得不靠寫作來掙稿費吃飯。同時，我也發現邊閱讀、邊寫作是一個很好的學習方法。這樣學習比較容易消化，容易深入些。我的大部分解放前的主要著作都是在學生時代寫出的。一到英國，我就替開明書店的刊物《一般》和後來的《中學生》寫稿，曾蒐集成《給青年的十二封信》出版。這部處女作現在看來不免有些幼稚可笑，但當時卻成了一種最暢銷的書，原因在我反映了當時一般青年小知識份子的心理狀況。我和廣大青年建立了友好關係，就從這本小冊子開始。此後我寫出文章不愁找不到出版處。接著我就寫出了《文藝心理學》和它的縮寫本《談美》；一直是我心中主題的《詩論》，也寫出初稿；並譯出了我的美學思想的最初來源——克羅齊的《美學原理》。此外，我還寫了一部《變態心理學派別》（開明書店）和一部《變態心理學》（商務印書館），總結了我對變態心理學的認識。在羅素的影響之下，我還寫過一部敘述符號邏輯派別的書（稿交商務印書館，抗日戰爭中遭火焚掉），這些科目在現代美學中都還在產生影響。

回國前，由舊中央研究院歷史所我的一位高師同班友好徐中舒把我介紹給北京大學文學院長胡適，並且把我的《詩論》初稿交給胡適作爲資歷的證件。於是胡適就聘我任北大西語系教授。我除在北大西語系講授西方名著選讀和文學批評史之外，還拿《文藝心理學》和《詩論》在北大中文系和由朱自清任主任的清華大學中文系研究班開過課。後來我的留法老友徐悲鴻又約我到中央藝術學院講了一年《文藝心理學》。

當時正逢「京派」和「海派」對壘。京派大半是文藝界舊知識份子，海派主要指左聯。我由胡適約到北大，自然就成了京派人物，京派在「新月」時期最盛，自從詩人徐志摩死於飛機失事之後，就日漸衰落。胡適和楊振聲等人想使京派再振作一下，就組織一個八人編委會，籌辦一種《文學雜誌》。編委會之中有楊振聲、沈從文、周作人、俞平伯、朱自清、林徽音等人和我。他們看到我初出茅廬，不大爲人所注目或容易成爲靶子，就推我當主編。由胡適和王雲五接洽，把新誕生的《文學雜誌》交商務印書館出版。在第一期我寫了一篇發刊詞，大意說在誕生中的中國新文化要走的路宜於廣闊些，豐富多彩些，不宜過早地窄狹化到只准走一條路。這是我的文藝獨立自由的老調。《文學雜誌》儘管是京派刊物，發表的稿件並不限於京派，有不同程度左派色彩的作家們如朱自清、聞一多、馮至、李廣田、何其芳、卞之琳等人，也經常出現在《文學雜誌》上。雜誌一出世，就成爲最暢銷的一種文藝刊物。儘管它只出了兩期就因抗日戰爭爆發而停刊，至今文藝界還有不少的人記得它（不過抗戰勝利後復刊，出了幾期就日漸衰落了。）

抗日戰爭爆發後，我就應新任代理四川大學校長的張頤之約，到川大去當文學院長。剛滿一年，國民黨二陳派就要撤換張頤而任用他們自己的「四大金剛」之一程天放。我立即揮動「教育自由」的旗幟，掀起轟動一時的「易長風潮」。在這場鬥爭中我得到了中國共產黨的支持，沙汀和周文對我很關心，把消息傳到延安，周揚立即通過他們兩人交給我一封信，約我去延安參觀，我也立即回信給周揚同志說我要去。但是當時我根本沒有革命的意志，國民黨通過我的一些留歐好友力加勸阻，又通過現代評論派王星拱和陳西瀅幾位舊友把我拉到武漢大學外文系去任教授。這對我是一次慘痛的教訓。意志不堅定，不但談不上革命，就連爭學術自由或文藝自由，也還是空話。到了一九四二年，由於校內有湘皖兩派之爭，我是皖人而和湘派較友好，王星拱就拉我當教務長來調和內訌。國民黨有個老規矩，學校「長字號」人物都必須參加國民黨，因此我就由反對國民黨轉而靠攏了國民黨，成了蔣介石的「御用文人」，曾為國民黨的《中央週刊》寫了兩年稿子，後來集成兩本冊子，一是《談文學》，一是《談修養》。

一九四九年冬，我拒絕乘蔣介石派到北京的飛機去臺灣，仍留在北大。在建國初思想改造階段，我是重點對象。我受到很多教育，特別是在參加了文聯和全國政協之後，經常得到機會到全國各地參觀訪問，拿新中國和舊中國對比，我心悅誠服地認識到社會主義是中國所能走的唯一道路。這就決定了我對一九五七年到一九六二年的全國性的美學問題討論的態度。

我在四川時期，以重慶為抗戰中基地的全國文聯曾選舉我為理事。解放後不久我在北京恢復了文聯理事的身分。在美學討論開始前，胡喬木、鄧拓、周揚和邵荃麟等同志就已分別向我打過招呼，說這次美學討論是為澄清思想，不是要整人。我積極地投入了這場論爭，不隱瞞或迴避我過去的美學觀點，也不輕易地接納我認為並不正確的批判。這次美學大辯論是新中國文藝界的一件大事，就全國來說，它大大提高了文藝工作者和一般青年研究美學的興趣和熱情；就我個人來說，它說明我認識自己過去宣揚的美學觀點大半是片面唯心的。從此我開始認眞鑽研辯證唯物主義和歷史唯物主義。爲此，我在年近六十時，還抽暇把俄文學到能勉強閱讀和翻譯的程度。我曾精選幾本馬克思主義經典著作來摸索，譯文看不懂的就對照四種文字的版本去琢磨原文的準確含義，對中譯文的錯誤或欠妥處作了筆記。同時我也逐漸看到美學在我國的落後狀況，參加美學論爭的人往往並沒有弄通馬克思主義，至於資料的貧乏，對哲學史、心理學、人類學和社會學之類與美學密切相關的科學，有時甚至缺乏常識，尤其令人驚訝。因此我立志要多做一些翻譯重要資料的工作。原已譯過克羅齊的《美學原理》，解放後又陸續譯出柏拉圖的《文藝對話集》、萊辛的《拉奥孔》，愛克曼輯的《歌德談話錄》以及黑格爾的《美學》三卷。此外還有些譯稿或在「文藝理論譯叢」中發表過，或已在「四人幫」時代喪失了。

美學討論從一九五七年進行到一九六二年，全部發表過的文章蒐集成六冊《美學問題討論集》；我自己發表的文章還另蒐集成一個選本，都由作家出版社出版。大約在一九六二年夏天，黨中央一些領導同志在高級黨校召集過一次會議，胡喬木同志就這次美學討論作了總結性的發言，肯定了成績，也指出了今後努力方向。會議還決定派我在高級黨校講了三個月的美學史。前此北大哲學系已成立了美學組，把我從西語系調到哲學系，替美學組訓練一批美學教師，我講的也是西方美學史。一九六二年召開的文科教材會議，決定大專院校文科逐步開設美學課，並指定我編一部《西方美學史》。於是我就在前此講過的粗略講義和資料譯稿的基礎上編出兩卷《西方美學史》，一九六三年由人民文學出版社印行。「四人幫」把這部美學史打入冷宮十餘年，直到一九七九年再版。在再版時，我曾把序論和結論部分作了一些修改。這就是解放後我在美學方面的主要著作，缺點仍甚多，特別是我當時思想還未解放，不敢評介我過去頗下過一些功夫的尼采和叔本華以及佛洛伊德派變態心理學，因爲這幾位在近代發生巨大影響的思想家在我國都戴過「反動」的帽子。「前修未密，後起轉精」，這些遺漏只有待後起者來塡補了。

最近幾年我參加了關於形象思維的辯論，還應上海文藝出版社之約，寫了一本《談美書簡》通俗小冊子。不過我的中心工作還是對馬克思主義經典著作的摸索。我重新試譯了《費爾巴哈論綱》和《經濟學——哲學手稿》中一些關鍵性的章節，並作了注釋和評介，想借此澄清一下「異化」、實踐觀點、人性論和人道主義、美和美感、唯心與唯物的分別和關係等這些全世界學術界都在關心和熱烈爭論的問題。這些八十歲以後的譯文、劄記和論文都蒐集在百花文藝出版社出版的《美學拾穗集》裡。

今年我已開始抽暇試譯維柯的《新科學》。這部著作討論的是人類怎樣從野蠻動物逐漸演變成爲文明社會的人，涉及神話和宗教、家族和社會、階級鬥爭觀點、歷史發展觀點、美學與語言學的一致性以及形象思維先於抽象思維之類重要問題。全書約四十萬字，希望明年內可以譯完。再下一步就走著看了。需要做的工作總是做不完的。

一九八〇年九月

代跋：「再說一句話」

薰宇兄來信說他們有意把十二封信印成單行本，我把原稿複看一遍，想起冠在目錄前頁的白朗寧寫完《五十個男與女》時在〈再說一句話〉中所說的那一個名句。

拿這本小冊子和《男與女》並提，還不如拿螞蟻所負的一粒穀與駱駝所負的千斤重載並提。但是一粒穀雖比千斤重載差得遠，而螞蟻負一粒穀卻也和駱駝負千斤重載，同樣賣力氣。所以就螞蟻的能力說，牠所負的一粒穀其價值也無殊於駱駝所負的千斤重載。

假如這個比擬可以作野人獻曝的藉口，讓我瀆褻白朗寧的名句，將這本小冊子奉獻給你吧。

我的心寄託在什麼地方，
讓我的腦也就寄託在那裡。

——白朗寧

這句話對於我還另有一個意義。我們原始的祖宗們都以爲思想是要用心的。「心之官則思」，所以「思」和「想」都是從「心」。西方人從前也是這樣想，所以他們常說：「我的心告訴我如此如此。」

據說近來心理學發達，人們思想不用心而用腦了。心只是管血液循環的，據威廉．詹姆斯派心理學家說，感情就是血液循環的和內臟移遷的結果。那麼，心與其說是運思的不如說是生情的，科學家之說如此。

從前有一位授我《說文解字》的姚明暉老夫子要溝通中西，說思想要用腦，中國人早就知道了。據他說，思想的「思」字上部分的篆文並不是「田」字，實在是像腦形的。他還用了許多考據，可惜我這不成器的學生早把它丟在九霄雲外了。國學家之說如此。

說來也很奇怪。我寫這幾篇小文字時，用心理學家所謂內省方法，考究思想到底是用心還是用腦，發現思想這件東西與其說是由腦裡來的，還不如說是由心裡來的，較爲精當（至少在我是如此）。我所要說的話，都是由體驗我自己的生活，先感到（feel）而後想到（think）的。換句話說，我的理都是由我的情產生出來的，我的思想是從心出發，而後再經過腦加以整理的。

這番閒話用意不在誇獎我自己「用心」思想，也不在推翻科學家思想用腦之說，尤其不在和杜亞泉先生辯「情與理」。我承認人生有若干喜劇才行，所以把這種癡人的夢想隨便說出博諸君一粲。

光潛

大家講堂 010

給青年的十二封信

作　　者 —— 朱光潛
發 行 人 —— 楊榮川
總 經 理 —— 楊士清
總 編 輯 —— 楊秀麗
叢書企劃 —— 蘇美嬌
特約編輯 —— 龍品涵
封面設計 —— 姚孝慈
出 版 者 —— **五南圖書出版股份有限公司**
地　　址 ——台北市大安區 106 和平東路二段 339 號 4 樓
電　　話 ——02-27055066（代表號）
傳　　眞 ——02-27066100
劃撥帳號 ——01068953
戶　　名 ——五南圖書出版股份有限公司
網　　址 ——https://www.wunan.com.tw
電子郵件 ——wunan@wunan.com.tw
法律顧問 —— 林勝安律師
出版日期 —— 2020 年 10 月初版一刷
2023 年 7 月二版一刷
定　　價 —— 220 元

作者後人姚昕先生唯一授權五南圖書出版股份有限公司在臺灣出版發行繁體字版本。

國家圖書館出版品預行編目資料

給青年的十二封信 / 朱光潛著 . -- 二版 -- 臺北市 : 五南圖書出版股份有限公司, 2023.07
面 ; 公分 . -- (大家講堂)
ISBN 978-626-343-894-1 (平裝)

1. 美 CST: 美學　2.CST: 修身

180.1　　112002860